Karine Marquise

Lust auf Taschen

Dank an Franck, Akhésa und Leo für ihre Anregungen und ihre Geduld

Ohne Handtasche geht nichts, egal wie eine Frau sich kleidet.

Sie symbolisiert Weiblichkeit und Individualität. Sie ist Begleiterin in allen Lebenslagen.

Ich liebe es, Materialien miteinander zu kombinieren, mit Knöpfen und Bändern zu verzieren. Bei einigen Taschen habe ich mich von der Natur, insbesondere den Blumen, inspirieren lassen. Mit ihren unterschiedlichen Formen und Farben sind sie eine unerschöpfliche Quelle für kreatives Gestalten.

Nähen ist eine Gabe, die mir meine Mutter und meine Großmutter vererbt haben. Als kleines Mädchen verbrachte ich Stunden damit, zuzusehen, wie meine Großmutter mit feiner Hand Stoffe verarbeitete und sich daraus Kleider und Blusen schneiderte. Meiner Mutter verdanke ich mein kreatives Gespür für Formen.

Dieses Buch habe ich geschrieben, damit auch Sie Gefallen daran finden, Handtaschen zu kreieren – nach Ihrer Fantasie, zu Ihrem Vergnügen oder dem Ihrer Freundinnen!

DC INTERNATIONAL

DANK
Autorin und Verleger danken ganz besonders *Audrey und Max Carpentier, Candice Clerel, Evelyne Nobre, Kelly Pelmar, Cassandre Waro, die bei der Präsentation der Taschen mit Anmut und Eleganz Modell gestanden haben.*

Mairie d'Issy

Die für jedes
Modell angegebenen
Maße beinhalten die
Saum- und Nahtzuschläge.

Material & Zubehör

1 Stoffe in unterschiedlichen Materialien und Farben, mit verschiedenen Motiven
2 Vlieseline
3 Perlmuttknöpfe in verschiedenen Farben und Formen
4 Stoffkleber
5 Reißverschlüsse in unterschiedlicher Länge und Farben
6 Baumwollgarn
7 Vichy-Band (rot-weiß)
8 Schrägbänder in unterschiedlichen Farben
9 Paarweise Bügel aus Plastik oder aus Holz
10 Rocailles in unterschiedlichen Größen und Farben
11 Karabinerverschlüsse in unterschiedlichen Größen (silbern, bronze)
12 Schnallen in unterschiedlichen Größen und Formen (silbern, bronze)
13 Verstellbare Schnallen in verschiedenen Größen (bronze)
14 Druckknöpfe in verschiedenen Größen (silbern)
15 Nähgarn in unterschiedlichen Farben und eine Nadel
16 Gummiband in 1 cm Breite
17 Klettverschlussband
18 Bleistift
19 Zirkel
20 Kordelband in verschiedenen Farben
21 Baumwollgurte in unterschiedlichen Farben

Nicht abgebildet

- *Sicherheitsnadeln* • *Fester Karton*
- *Modische Knöpfe in unterschiedlichen Farben und Formen*
- *Füllwatte* • *Molton* • *Flaches Lineal*
- *Modische Holzknöpfe in verschiedenen Größen*
- *Einfache Ringe in verschiedenen Größen (golden, silbern, bronze)*
- *Schlüsselanhänger in unterschiedlicher Länge (silbern)*
- *Zackenschere* • *Haushaltsschere*
- *Papierschere*

Zaubergarten

Größe: 50 x 34 cm

Material

2 Stücke fester Baumwollstoff mit Blumen- und Vogelmotiven 36 x 52 cm (bunt)

72 x 66 cm fester Baumwollstoff (weiß)

2 Holzbügel, 16 cm breit

Nähgarn (weiß)

Zuschnitt

Baumwollstoff mit Blumen- und Vogelmotiven

- zwei Rechtecke, 54 x 36 cm, für die Taschenvorder- und -rückseite *(siehe Schema unten)*

Weißer Baumwollstoff

- zwei Rechtecke, 54 x 36 cm, für das Futter *(siehe ebenfalls Schema unten)*
- zwei Streifen, 7 x 14 cm, für den Tunnelsaum der Bügel

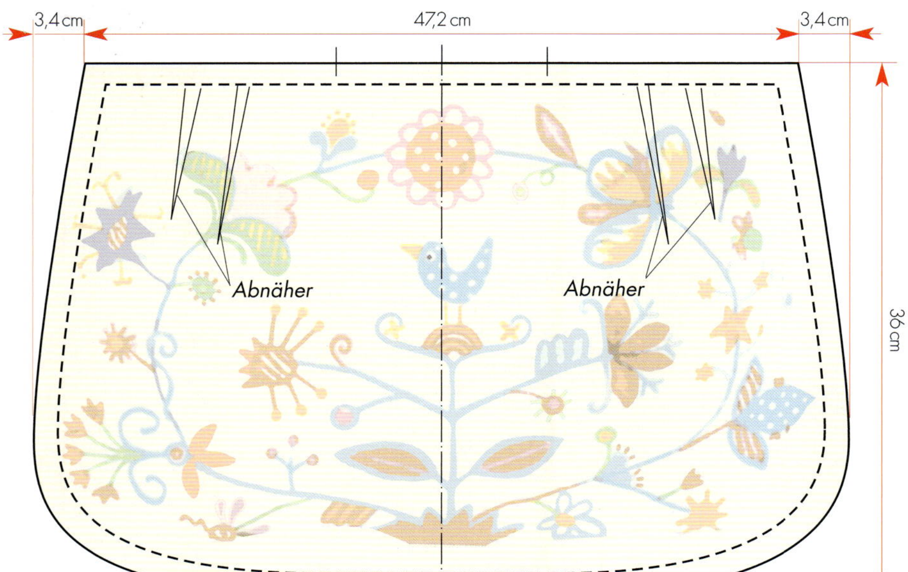

1 Säumen Sie jede kurze Seite der beiden weißen Stoffstreifen 1 cm breit. Nähen Sie diese Streifen auf 1 cm auf jedes Baumwollstoffteil mit Blumen- und Vogelmotiven, rechts auf rechts, in 15 cm Abstand zu jeder Seite.

2 Die Bügel auf jedem Band platzieren, die Bänder einschlagen und dann Kante an Kante vernähen, sodass der Tunnelsaum entsteht.

3 Nähen Sie die beiden Teile rechts auf rechts in 1 cm Abstand vom Rand zusammen. So entsteht der Taschenkörper.

4 Auf gleiche Weise setzen Sie die beiden weißen Baumwollstoffteile aneinander, lassen jedoch eine 19 cm lange Öffnung. So erhalten Sie das Futter der Tasche.

5 Legen Sie an der oberen Partie der Tasche in 3,5 und 5 cm Abstand zu jeder Seite 1 cm breite Abnäher. Verfahren Sie auf gleiche Weise mit dem Futter.

6 Schieben Sie die Tasche rechts auf rechts in das Futter, indem Sie die Bügel zwischen beiden Stofflagen fassen. Nähen Sie das Futter und die Tasche an ihrer oberen Partie auf 1 cm aneinander, holen Sie dann die Tasche durch die vorgesehene Öffnung heraus, die Sie dann zunähen. Positionieren Sie das Futter im Tascheninneren.

Romantisch

Größe: 34 x 23 cm

Material

80 x 35 cm Leinenstoff
65 x 35 cm Baumwollstoff mit Spitze (schwarz)
85 x 35 cm Baumwollstoff (schwarz)
feines Spitzenband, 62 x 2,5 cm (schwarz)
Reißverschluss in 30 cm Länge (beige)

Zuschnitt

Leinenstoff

- zwei Streifen **A**, 23 x 12 cm, für die Seiten
- zwei Streifen **B**, 31 x 7 cm, für die Henkel
- vier Streifen **C**, 32 x 7,5 cm für den Reißverschluss
- einen Streifen **D**, 33 x 12 cm, für den Taschenboden

Baumwollstoff mit Spitze

- zwei Rechtecke **E**, 32 x 24 cm, für die Taschenvorder- und -rückseite
- ein Rechteck **F**, 32 x 17 cm, für das Außenfach

Schwarzer Baumwollstoff für das Futter

- zwei Rechtecke **E′**, 32 x 24 cm
- zwei Rechtecke **A′**, 23 x 12 cm
- in Streifen **D′**, 33 x 12 cm

1 Nähen Sie die beiden Streifen **B** der Länge nach mit 1 cm Nahtzugabe auf jeder Seite. Sie erhalten die Henkel.

2 Halbieren Sie das feine Spitzenband, nähen Sie ein Stück in Höhe der Enden auf jeden Henkel.

3 Säumen Sie eine Längsseite des Rechtecks **F** 1 cm breit ein. Nähen Sie dann die nicht gesäumten Seiten dieses Rechtecks rechts auf links auf ein Rechteck **E**, in 8 cm Abstand zu dessen Oberkante.

4 Ziehen Sie den Reißverschluss ganz auf. Positionieren Sie eine Hälfte des Reißverschlusses mit den Zacken nach innen, links auf links, entlang eines Streifens **C**, dann annähen. Legen Sie einen zweiten Streifen **C**, links auf links, auf den vorherigen Streifen, der Reißverschluss verläuft zwischen den Streifen, die Zacken weisen nach innen. Vernähen, dann auf rechts wenden. Bügeln Sie das Ensemble flach über. Wiederholen Sie diesen Arbeitsgang mit der anderen Hälfte des Reißverschlusses und den beiden anderen Streifen **C**.

5 Nähen Sie den Streifen **D** rechts auf rechts an die beiden Rechtecke **E**, dann die beiden Streifen **A** links auf links an den Streifen **D** und die Rechtecke **E**. So entsteht der Taschenkörper.

6 Wenden Sie die Tasche auf rechts und biegen Sie die Henkel in 7 cm Abstand zu jeder Seite nach unten. Nähen Sie die Henkel an die Taschenvorder- und -rückseite.

7 Legen Sie die beiden Teile des Reißverschlusses, rechts auf rechts, auf die Taschenvorder- und -rückseite, die Henkel bleiben nach unten gerichtet. Prüfen Sie, ob der Reißverschluss gut schließt, dann vernähen.

8 Nähen Sie das Futter aus den Rechtecken **E′**, den Streifen **A′** und dem Streifen **D′**, lassen Sie dabei an einer Seite eine 5 cm lange Öffnung.

9 Schieben die Tasche rechts auf rechts in das Futter, das Sie genau Kante auf Kante legen. Das untere Bandende des Reißverschlusses und die Henkel werden im Inneren des Futters platziert.

10 Vernähen Sie das Futter mit der Tasche, holen Sie dann die Tasche durch die 15 cm große Öffnung heraus und nähen Sie die Öffnung zu. Das Futter in die Tasche zurückschieben. Das Ganze leicht überbügeln.

Herbstlich

Größe: 25 x 22 cm

Material

66 x 50 cm Jutestoff
66 x 27 cm Leinenstoff (Futter)
50 cm Kordel (ecru) und Rattenschwanz (braun)
Perlmuttknopf Ø 2 cm (weiß)
2 Holzperlen Ø 5 mm (braun)
27 x 2 cm Schrägband (braun)
15 x 6 cm Karton 1 mm dick
ecrufarbenes Garn
Leinengarn

Zuschnitt

- ein Rechteck **A**, 22 x 16 cm, für das rückwärtige Taschenfach
- ein Rechteck **B**, 66 x 27 cm, für die Tasche
- ein Streifen **C**, 52 x 4 cm, für den Henkel

1 Den Jutestoffstreifen **C** der Länge nach in der Mitte umlegen und dann mit 5 mm Nahtzugabe auf jeder Seite nähen.

2 Die Unterseite des Rechtecks **A** in 38 cm Abstand zur Oberkante des Rechtecks **B** rechts auf rechts legen.
Für die Nahtzugabe 1 cm vom Rand nähen.
Die Seiten des Taschenfachs mit 1 cm Nahtzugabe positionieren, sodass die Oberseite abgesteppt werden kann.

3 Den Henkel an jedem Ende über 6 cm annähen, dabei mit 1 cm Nahtzugabe im Taschenfach positionieren.

4 Eine Seite des Schrägbands auf die Unterkante von Rechteck **B** nähen.

5 Mit der ecrufarbenen Kordel und dem braunen Rattenschwanz zwei Motive in Blumenform auslegen, diese dann mit dem Leinengarn und dem ecrufarbenen Garn auf die rechte Seite der oberen Partie von Rechteck **B** nähen, der Blütenkopf neigt sicht nach unten, die Stängel treffen aufeinander. Das Ende des braunen Stängels und der weißen Kordel nicht annähen.

6 Die Holzperlen für das Herz der beiden Blumen aufnähen. Das jeweilige Ende des braunen und des ecrufarbenen Stängels 1,5 cm vom oberen Rand auf links durchziehen. Den braunen Stängel auf rechts durchziehen, damit 11 cm vom seitlichen Rand eine Schlaufe formen, dann wieder auf links zurückführen, um sie dann am Ende des ecrufarbenen Stängels zu verknoten. So entsteht die Schlaufe für die Tasche.

7 Die untere Partie von Rechteck **B** 20 cm umschlagen. Beide Seiten zusammennähen, um die Tasche zu formen.

8 In Höhe der Falte eine Grundfläche auslegen, indem die Ecken auf 7 cm dreieckförmig umgeschlagen und vernäht werden. So entsteht der Taschenboden.

9 Den Perlmuttknopf 3 cm vom Boden in der Mitte der Taschenvorderseite aufnähen.

10 Den Leinenstoff für das Futter auf gleiche Weise verarbeiten wie bei der Tasche. An einer Seite eine 14 cm große Öffnung lassen.

11 Die Tasche in das Futter schieben. Das Futter mit 1 cm Nahtzugabe an die Tasche nähen.

12 Die Tasche durch die Öffnung im Futter herausholen.

13 Den Karton durch die Öffnung in den Taschenboden schieben, um ihn zu versteifen.

14 Das Futter zunähen und im Tascheninneren positionieren.

15 Die andere Seite des Schrägbands mit einem Steppstich im Tascheninneren vernähen.

Rückseite

Altrosa

Größe: 32 x 27 cm

Material

65 x 125 cm Leinenstoff
40 x 105 cm Baumwollstoff mit Rosenmotiven
40 x 115 cm Vlieseline
2 rechteckige Aufhänger in 4,5 cm Länge (bronze)
2 Schnallen 4,5 x 2,5 cm (bronze)
Nähgarn (beige)

Zuschnitt

Leinenstoff

- zwei Rechtecke **A**, 34 x 25 cm, für die Vorderseite und das Futter der Tasche
- zwei Streifen **B**, 12 x 79 cm, für die Seitenteile und deren Futter
- ein Rechteck **C**, 34 x 20 cm, für das Innentäschchen
- ein Streifen **D**, 22 x 5,5 cm, für die Verschlusslasche der Tasche
- zwei Rechtecke **E**, 6 x 8 cm, für die Aufhänger des Schulterriemens
- einen Streifen **F**, 12 x 122 cm, für den Schulterriemen

Baumwollstoff mit Rosenmotiven

- zwei Rechtecke **G**, 38 x 34 cm, für die Taschenrückseite und deren Futter
- zwei Streifen **H**, 6 x 25 cm, für die Verschlusslasche
- ein Streifen **I**, 4 x 34 cm, für das Schrägband des Innentäschchens

Vlieseline

- ein Rechteck **G'**, 38 x 34 cm, für den Taschenrücken
- ein Streifen **B'**, 12 x 79 cm, für die Seitenteile
- ein Rechteck **A'**, 34 x 25 cm, für die Taschenvorderseite

Ansicht der offenen Tasche

Rückwärtige Ansicht

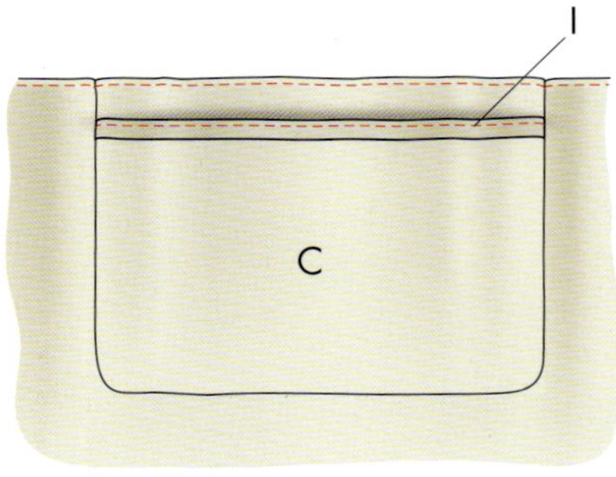

Schema des Innentäschchens

1 Bügeln Sie Rechteck **A'** auf Rechteck **A**, Rechteck **G'** auf Rechteck **G** und Rechteck **B'** auf Rechteck **B**.

2 Nähen Sie den Streifen **I** mit 1 cm Nahtzugabe quer über eine Längsseite des Rechtecks **C**. Nähen Sie Rechteck **C** auf seinen drei freien Seiten, rechts auf rechts, auf das zweite Rechteck **A**, in 1 cm Abstand vom Rand einer seiner Längsseiten. So erhalten Sie das Innentäschchen.

3 Legen Sie den Streifen **D** der Breite nach in der Mitte um und nähen Sie am offenen Ende einen 1 cm breiten Saum. Schieben Sie eine Schnalle durch diesen Saum, dann mit ein paar Stichen zunähen. So erhalten Sie die Verschlusslasche der Tasche, die Sie nun in 4 cm Höhe in der Mitte der unteren Partie des Rechtecks **A/A'** annähen.

4 Säumen Sie jedes Rechteck **E** 1 cm breit, dann die beiden rechteckigen Aufhänger durchschieben. Legen Sie diese Teile genau in die Mitte auf jedes Ende des Streifens **B/B'**, die Sie dann Kante auf Kante vernähen und dabei die Aufhänger mit den so geformten Schlaufen fassen.

5 Nähen Sie den Streifen **B/B'** an das Rechteck **A/A'** und das Rechteck **G/G'**, rechts auf rechts, mit 1 cm Abstand vom Rand. So entsteht der Taschenkörper.

6 Nähen Sie die beiden Streifen **H**, rechts auf rechts, in 1 cm Abstand zu jeder Seite, zusammen, dabei ein Ende abrunden, das andere Ende offen lassen. So erhalten Sie die Verschlusslasche, die Sie nun mit 3 cm Nahtzugabe in der Mitte der oberen Rückenpartie annähen.

7 Für das Futter nähen Sie das zweite Rechteck **A**, den zweiten Streifen **B** und das zweite Rechteck **G** in 1 cm Abstand vom Rand zusammen. Schieben Sie das Futter in die Tasche und steppen Sie es mit 1 cm Nahtzugabe in Höhe der oberen Partie ab.

8 Legen Sie den Streifen **F** der Länge nach in der Mitte um und steppen Sie ihn dann mit 1 cm Nahtzugabe ab.

9 Schieben Sie die zweite Schnalle durch den Schulterriemen und diesen dann durch die hierfür vorgesehenen Aufhänger an den Seiten der Tasche. Nähen Sie die Schnalle mit 3 cm Nahtzugabe am Schulterriemen fest.

Blumig

Größe: 27 x 30 cm

Material

65 x 70 cm Leinenstoff
35 x 55 cm Baumwollstoff (braun)
3 Kreise aus Baumwollstoff mit Blumenmotiven:
1 x Ø 18,5 cm (hellblau),
1 x Ø 12,5 cm (blau),
1 x Ø 2,5 cm (rot)
35 x 55 cm Vlieseline
3 Kreise aus Vlieseline mit Ø 18,5 cm, 12,5 cm und 2,5 cm
ein Perlmuttknopf in Blumenform Ø 1,5 cm
7 Rocailles Ø 3 mm (rosa, blau)
Nähgarn (beige, blau)
2 Messingringe Ø 1,5 cm (bronze)
Stoffkleber
Zackenschere

Schablonen Maßstab 1:4
Auf 400 % vergrößern

Zuschnitt

*Leinenstoff**

- zwei Rechtecke **A**, 36 x 33 cm, für die Taschenvorder- und -rückseite
- ein Rechteck **B**, 20 x 30 cm, für den Taschenboden
- zwei Rechtecke **C**, 8 x 4 cm, für die Schlaufen des Schulterriemens
- ein Streifen, 3 x 67 cm, für den Schulterriemen

*Brauner Baumwollstoff**

- zwei Rechtecke **A'**, 36 x 33 cm, für das jeweilige Futter der Taschenvorder- und -rückseite
- ein Rechteck **B'**, 20 x 30 cm, für das Futter des Taschenbodens

Baumwollstoff mit Blumenmotiven

- Die große Blume auf den hellblauen Kreis übertragen, die mittelgroße Blume auf den blauen Kreis *(siehe Schablonen)*. Mit der Zackenschere entlang der Umrisslinie ausschneiden. Für das Herz den roten Kreis etwas zurechtschneiden.

*Vlieseline**

- zwei Rechtecke **A''**, 36 x 33 cm, für die Taschenvorder- und -rückseite
- ein Rechteck **B''**, 20 x 30 cm, für den Taschenboden.
- Die große und die mittelgroße Blume auf die entsprechenden Kreise übertragen, mit der Zackenschere entlang der Umrisslinie ausschneiden. Für die kleine Blume den Kreis mit 2,5 cm Durchmesser etwas zurechtschneiden.

**Jedes Teil entsprechend den Schablonen zuschneiden.*

1 Bügeln Sie das Teil der aus der Vlieseline ausgeschnittenen Blumen auf das Teil der Baumwollstoffblumen. Auf die gleiche Weise verfahren Sie mit den Teilen **A''** auf den Teilen **A** und dem Teil **B'** auf Teil **B**. Nähen Sie Teil **B/B''** mit den beiden Teilen **A/A''** rechts auf rechts, mit 1 cm Abstand vom Rand, zusammen. So entsteht der Taschenkörper.

2 Steppen Sie die Rechtecke **C** der Länge nach in der Mitte mit 1 cm Nahtzugabe auf jeder Seite ab. Jeden Streifen durch die Ringe führen und auf jeder Seite der Tasche rechts auf rechts annähen. So formen Sie die Aufhänger des Schulterriemens.

3 Nähen Sie die Teile **A'** und **B'** rechts auf rechts, in 1 cm Abstand vom Rand, zusammen, lassen Sie dabei eine 15 cm lange Öffnung. So entsteht das Futter

4 Schieben Sie die Tasche rechts auf rechts in das Futter, das Sie dann auf der oberen Partie, 1 cm vom Rand, an die Tasche nähen. Die Tasche durch die Öffnung herausziehen und dann zunähen. Das Futter in die Tasche einlegen.

5 Legen Sie den Leinenstreifen der Länge nach in der Mitte um, dann links auf links mit 1 cm Nahtzugabe auf jeder Seite absteppen.

6 Montieren Sie jedes Ende dieses Schulterriemens auf die zuvor aufgezogenen Ringe, dann mit 2 cm Nahtzugabe vernähen, um das Ensemble zu fixieren.

7 Legen Sie die beiden Blumen und das Herz aufeinander. Nähen Sie den Perlmuttknopf in der Mitte an und fügen Sie die Rocailles hinzu. So erhalten Sie das Blütenherz. Fixieren Sie dieses Ensemble, 7 cm vom oberen Rand, mit Stoffkleber in der Mitte der Taschenvorderseite.

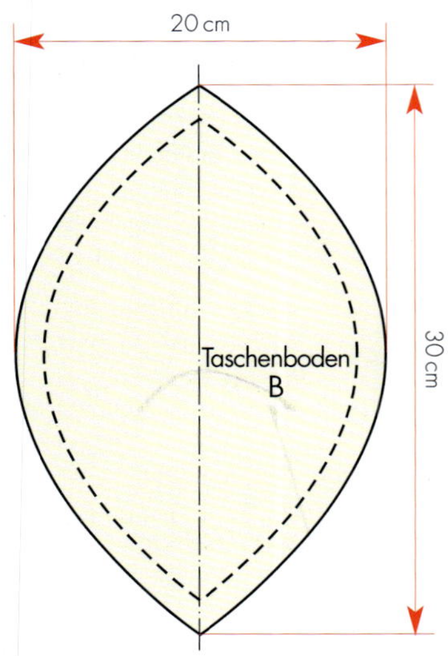

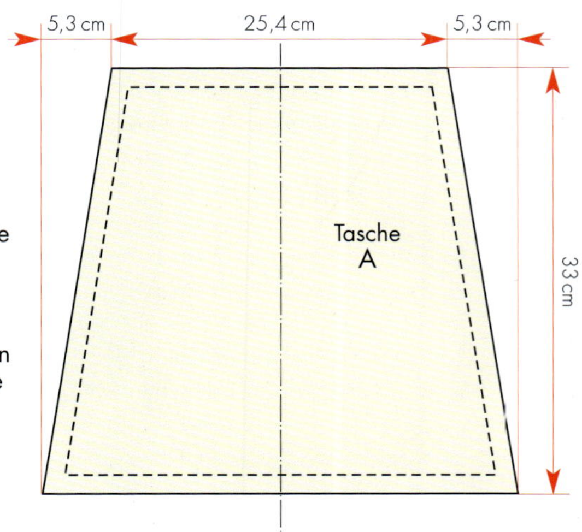

Stadtbummel

Größe: 35 x 21 cm

Material

35 x 115 cm Leinenstoff
31 x 115 cm Baumwollstoff (taupe)
31 x 115 cm Vlieseline
Nähgarn (braun, taupe)
31 x 31 cm Baumwollstoff mit Blumenmotiven (golden, braun, grün, gelb, rot)
ein Stück Baumwollstoff mit Kreismotiven Ø 20 cm (braun, beige, gelb, orange, rot)
Druckknopf

Zuschnitt

Leinenstoff

- zwei Rechtecke **A**, 31 x 21 cm, für die Taschenvorder- und -rückseite
- ein Streifen **B**, 11 x 72 cm, für die Seiten und den Taschenboden
- zwei Streifen **C**, 3 x 60 cm, für die Trageriemen

Baumwollstoff mit Blumenmotiven

- ein Rechteck **D**, 31 x 19 cm, für das Außenfach
- ein Rechteck **E**, 21 x 12 cm, für das Innenfach

Baumwollstoff mit Kreismotiven*

- ein Kreis Ø 20 cm für den Überschlag

Baumwollstoff in taupe*

- zwei Rechtecke **A'**, 31 x 21 cm, für das Futter der Taschenvorder- und -rückseite
- ein Streifen **B'**, 11 x 72 cm, für das Futter der Seiten und den Taschenboden

ein Kreis Ø 20 cm für das Futter des Überschlags

Vlieseline*

- zwei Rechtecke **A"**, 31 x 21 cm, für die Taschenvorder- und die Rückseite
- ein Streifen **B"**, 11 x 72 cm, für die Seiten und den Taschenboden
- ein Kreis Ø 20 cm für den Überschlag

** Jedes Teil nach dem Schema unten zuschneiden*

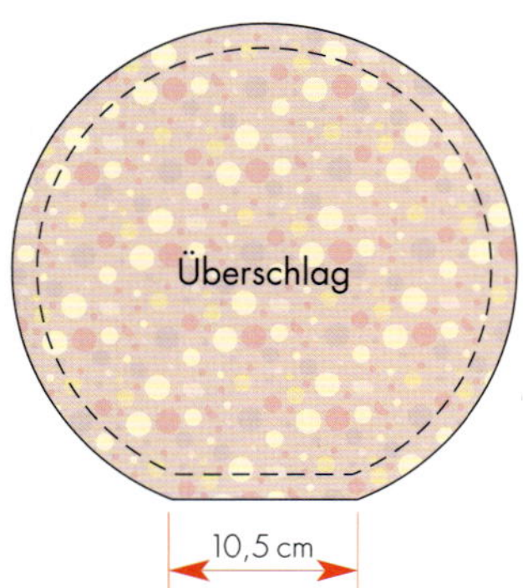

1 Bügeln Sie die Rechtecke **A"** auf die Rechtecke **A**, den Streifen **B"** auf den Streifen **B** und den aus Vlieseline zugeschnittenen Kreis auf das Stück Baumwollstoff „Kreise".

2 Eine Längsseite des Rechtecks **D** 1 cm breit säumen und dann flach rechts auf links auf ein Rechteck **A** legen. Nähen Sie das Rechteck **D** auf die drei nicht gesäumten Seiten. Sie erhalten das Außenfach.

3 Nähen Sie das Teil mit dem Außenfach und das zweite Rechteck **A** an den Streifen **B**, rechts auf rechts und 1 cm vom Rand entfernt. So formen Sie den Taschenkörper.

4 Legen Sie die Streifen **C** der Länge nach, links auf links, in der Mitte um und steppen Sie diese mit 1 cm Nahtzugabe auf jeder Seite ab. Positionieren Sie jedes Ende der entstandenen Trageriemen in 4 cm Abstand von den Rändern auf der Vorder- und der Rückseite der Tasche. Über 1 cm rechts auf rechts nähen.

5 Säumen Sie eine Längsseite des Rechtecks **E** 1 cm breit und legen Sie es auf ein Rechteck **A'**, 2,5 cm von oben und 5,5 cm von jeder Seite entfernt. Das Teil links auf rechts auf den drei nicht gesäumten Seiten flach absteppen. Sie erhalten das Innenfach.

Schema des Innenfachs

6 Um das Futter zu formen, nähen Sie die beiden Rechtecke **A'** und den Streifen **B'** rechts auf rechts, in 1 cm Abstand von jeder Seite, zusammen. Lassen Sie eine 16 cm große Öffnung.

7 Nähen Sie den Baumwollstoff „Kreise" und den zugeschnittenen Kreis aus grauem Baumwollstoff rechts auf rechts, 1 cm vom Rand, zusammen, lassen Sie eine Öffnung. Das Teil auf rechts wenden, dann mit 1 cm Nahtzugabe im Steppstich schließen. Diesen Überschlag in der Mitte der Taschenrückseite 3,5 cm von der Oberkante positionieren und dann absteppen.

8 Schieben Sie die Tasche rechts auf rechts in das Futter, das Sie dann in Höhe der oberen Partie an die Tasche nähen. Führen Sie die Trageriemen und den Überschlag zwischen den beiden Stofflagen hindurch. Die Tasche durch die Öffnung herausholen, dann zunähen. Das Futter in die Tasche zurückstecken.

9 Nähen Sie eine Hälfte des Druckknopfs, 8,5 cm vom oberen Rand, in der Mitte des Außenfachs an, dann die andere Hälfte auf der Rückseite des Überschlags, 3 cm von oben und 7 cm von jeder Seite.

Ansicht Rückseite

Pfingstrose

Größe: 30 x 16 cm

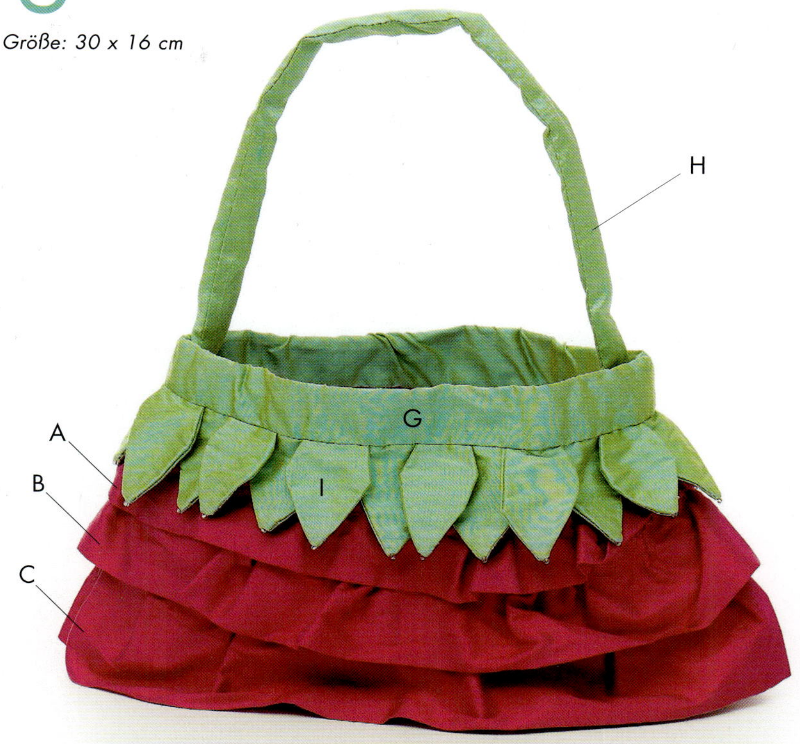

Material

75 x 75 cm Wildseide (fuchsia)
135 x 20 cm Wildseide (zartgrün)
35 transparente Rocailles Ø 2 mm
Nähgarn (grün, fuchsia)
Füllwatte

Zuschnitt

Wildseide fuchsia

- ein Streifen **A**, 74 x 6 cm
- ein Streifen **B**, 74 x 10 cm
- ein Streifen **C**, 74 x 12 cm, für die Volants
- zwei Rechtecke **D**, 28 x 6 cm, für den Taschenboden und das Futter
- vier Rechtecke **E**, 6 x 16 cm, für die Seiten und das Futter
- vier Rechtecke **F**, 28 x 15 cm, für die Taschenvorder- und -rückseite und das Futter *(siehe Schema unten)*

Wildseide zartgrün

- ein Streifen **G**, 48 x 7 cm, für die obere Taschenpartie
- ein Streifen **H**, 5 x 40 cm, für den Henkel
- 54 Blätter **I** *(siehe Schablone unten)*
- zwei Streifen **J**, 3 x 20 cm, für die Aufhänger

1 Nähen Sie zwei Rechtecke **E** und zwei Teile **F** rechts auf rechts zusammen, und Sie erhalten den Taschenkörper. 1 cm vom Rand nähen. Um den Boden der Tasche zu formen, fügen Sie dem Ensemble rechts auf rechts, 1 cm vom Rand, ein Rechteck **D** hinzu. Die Tasche auf rechts wenden.

2 Den gleichen Arbeitsgang für das Futter mit den beiden anderen Rechtecken **E**, den beiden anderen Teilen **F** und dem zweiten Rechteck **D** wiederholen. Das Futter auf rechts wenden.

3 Legen Sie die Streifen **A**, **B** und **C** der Länge nach, links auf links, in der Mitte um, die Sie dann mit einer Steppnaht schließen. Positionieren Sie den Streifen **C** 5 cm vom Taschenboden, mit der Naht nach oben. 1 cm vom Rand nähen, dabei gleichmäßige Fältchen legen. Auf gleiche Weise verfahren Sie mit den Streifen **B** und **A**, indem Sie diese übereinander legen, um die Nähte zu kaschieren.

4 Die Blätter **I** paarweise rechts auf rechts nähen und dann wenden. Sie erhalten 27 Blätter.

5 Nähen Sie eine Rocaille auf jede Blattspitze. Nähen Sie die Blätter 2,5 cm vom Rand versetzt oben an die Tasche.

6 Legen Sie Streifen **H** der Länge nach rechts auf rechts in der Mitte um, nähen Sie dann das Teil längsseits an, 1 cm von jeder Seite. Wenden, dann mit Füllwatte ausstopfen. Schließen. Die beiden Enden dieses Henkels auf den Taschenseiten positionieren und dann auf 2 cm annähen.

7 Legen Sie die beiden Streifen **J** der Länge nach, links auf links, in der Mitte um. Mit 1 cm Nahtzugabe auf jeder Seite absteppen.

8 Schlagen Sie ein Ende jedes erhaltenen Aufhängers etwas ein, auf den Sie dann 4 Rocailles nähen.

9 Nähen Sie die Aufhänger in der Mitte jeder Taschenseite ins Tascheninnere. Das Futter in die Tasche schieben und dann 1 cm vom Rand ohne Nahtzugabe annähen.

10 Legen Sie Streifen **G** quer über die Taschenoberseite.

11 Schieben Sie die Aufhänger und den Henkel ins Tascheninnere. Mit 1 cm Nahtzugabe auf jeder Seite annähen. Darauf achten, dass die Naht der zuvor angebrachten Blätter gut kaschiert wird.

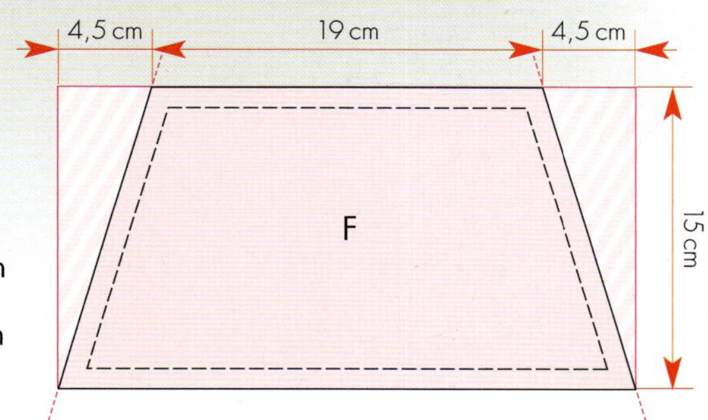

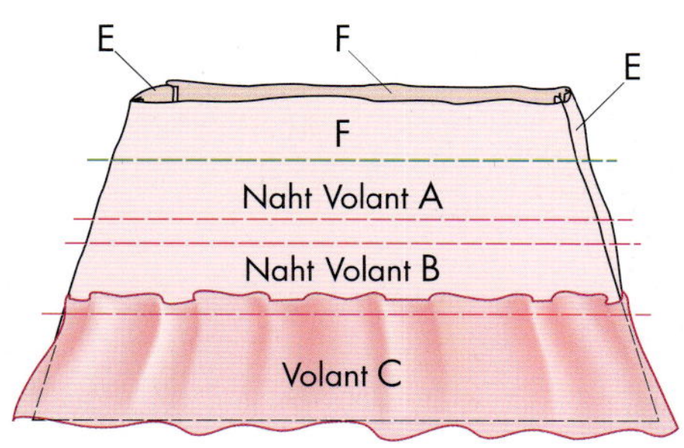

Schema der Volants

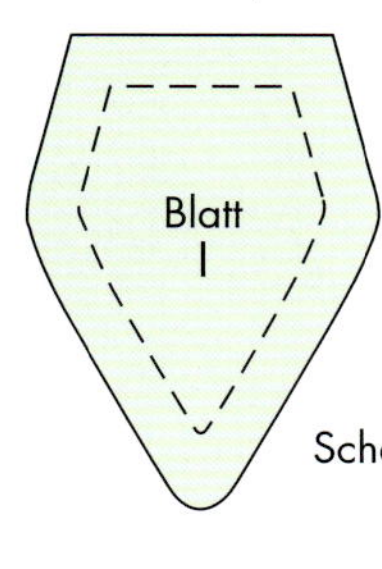

Schablone Maßstab 1:2
Auf 200 % vergrößern

Ein Abend in Frühling

Größe (einschl. Griffe): 25 x 40 cm

Material

28 x 62 cm Wildseide (grün)
28 x 62 cm Leinenstoff (grün)
ein Paar Plastikgriffe Ø 11 cm (schwarz)
26 cm Perllitze (grün)
Nähgarn (grün, transparent)

Zuschnitt

Wildseide

- zwei Rechtecke, 28 x 31 cm

Leinenstoff

- zwei Rechtecke, 28 x 31 cm

1 Zwischen die beiden Rechtecke aus Wildseide mit dem grünen Garn die Perllitze, mit den Perlschnüren nach innen, auf eine Schmalseite nähen

2 Nähen Sie die Längsseiten rechts auf rechts zusammen, lassen Sie auf jeder Seite eine 8 cm große Öffnung.

3 Das Futter aus Leinenstoff nach dem gleichen Prinzip zusammennähen, dabei auf einer Seite eine 15 cm große Öffnung lassen.

4 Den Taschenköper in das Futter schieben.

5 Die Griffe zwischen der Seide und dem Leinen auf jeder Taschenseite durchführen.

6 Die beiden Teile zusammennähen. Die Tasche durch die hierfür vorgesehene Öffnung schieben und schließen.

7 Die Griffe nach oben richten und den Stoff entsprechend ihrer Form ausrichten.

8 Den Stoff entlang der Form der beiden Griffe in Falten legen, feststecken und dann mit transparentem Faden vernähen.

9 Den Leinen- und Seidenstoff auf jeder Taschenseite in Höhe der 8 cm langen Öffnungen mit transparentem Faden zusammennähen.

Inuit

Höhe: 25 cm – Durchmesser: 16 cm

Material

60 x 75 cm Leder, eine Seite mit Fell und eine Seite mit aufgeprägten Pflanzenmotiven

2 Ringe Ø 3 cm (golden)

Karabinerhaken 2 cm lang (silbern)

1 m Kordelschnur Ø 5 mm (weiß)

2 perles décorées en bois de Ø 1,5 cm (beige et noir)

Pailletten Ø 5 mm (braun)

Stoffkleber

Nähgarn (braun)

Zuschnitt

- ein Rechteck **A** von 31 x 59 cm für die Tasche
- ein Kreis mit 18 cm Durchmesser für den Boden
- ein Rechteck **B**, 10 x 59 cm, für die Taschenoberseite
- ein Streifen **C**, 47 x 10 cm, für den Henkel
- zwei Stücke **D**, 8 x 2 cm, für die Schlaufen der Ringe
- ein Streifen **E**, 8 x 32 cm, für die Handyhülle
- ein Rechteck **F**, 4 x 1,5 cm, für den Aufhänger der Hülle

1 Schieben Sie Rechteck **F** durch den Karabinerhaken, nähen Sie es dann auf die linke Seite (Seite mit den Pflanzenmotiven) von Streifen **E**, in 10 cm Abstand vom oberen Rand.

2 Fertigen Sie die Handyhülle, indem Sie Streifen **E**, rechts auf rechts (Fellseite), 10 cm einschlagen.

3 Legen Sie Streifen **C** der Länge nach, links auf links, in der Mitte um. Auf jeder Seite mit 1 cm Nahtzugabe absteppen. Sie erhalten den Henkel.

4 Nähen Sie auf einer Längsseite von Rechteck **A** einen 4 cm breiten Saum, sodass der Pelz sichtbar wird.

5 Legen Sie die Teile **D** in der Mitte um und nähen Sie diese auf die gesäumte Seite von Rechteck **A**, in 13 cm Abstand von jeder Schmalseite. Ziehen Sie die Ringe durch diese Aufhänger.

6 Formen Sie über 2 cm, rechts auf rechts, auf einer Längsseite von Rechteck **B** eine Rille, durch die das weiße Kordelband gezogen werden kann.

7 Nähen Sie Rechteck **B** auf die gesäumte Partie von Rechteck **A**, rechts auf rechts, die Ringe dabei nach außen legen.

8 Dieses Teil umlegen und die beiden Schmalseiten links auf links zusammennähen.

9 Für den Taschenboden den Kreis links auf links zusammennähen. Die Tasche auf rechts wenden (mit der Seite der Pflanzenmotive).

10 Nähen Sie die Enden des Henkels auf die Ringe.

11 Ziehen Sie die Kordel durch die Rille. An jedem Ende eine Perle auffädeln und dann einen Knoten machen, um sie zu blockieren.

12 Die Pailletten entlang der Pflanzenmotive auf die Tasche kleben.

Disco

Größe: 35 x 20 cm

Material

44 x 37 cm Pailletten-Baumwollstoff (schwarz)

173 x 45 cm fester Baumwollstoff (schwarz)

Reißverschluss, 35 cm lang (schwarz)

Zuschnitt

Pailletten-Baumwollstoff

- zwei Rechtecke **A**, 38 x 25,5 cm, *(siehe Schema unten)*

Schwarzer Baumwollstoff

- zwei Rechtecke **A'**, 38 x 25,5 cm, (in Form der Rechtecke **A**)
- zwei Rechtecke **B**, 12 x 37 cm, für den Taschenboden
- vier Rechtecke **C**, 12 x 14 cm, für die Seiten
- vier Streifen **D**, 5 x 43 cm, für den Reißverschluss
- zwei Streifen **E**, 5 x 34 cm, für die Griffe

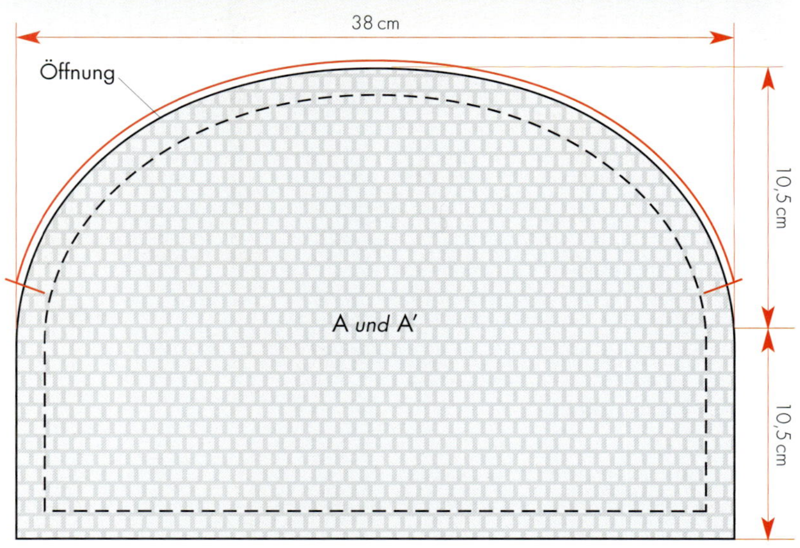

1 Legen Sie die Streifen **E** in Längsrichtung in der Mitte um, mit 1 cm Nahtzugabe auf jeder Seite absteppen. Sie erhalten die Taschengriffe.

2 Nähen Sie zwei Rechtecke **C**, rechts auf rechts und 1 cm vom jeweiligen Rand, mit den beiden Rechtecken **A** zusammen.

3 Nähen Sie dann ein Rechteck **B**, rechts auf rechts, 1 cm vom jeweiligen Rand, zusammen. So erhalten Sie den Taschenkörper (Vorder- und Rückenteil, Seiten und Taschenboden).

4 Wenden Sie die Tasche auf rechts, positionieren Sie dann die Griffe auf jedem Teil, 12 cm von den Seiten. Nähen Sie die Griffe nach unten hängend an.

5 Nähen Sie zwei Streifen **D** abgerundet auf die obere Partie jeder Taschenseite, rechts auf rechts. Die Griffe außen an der Tasche nach unten hängen lassen.

6 Nähen Sie die beiden anderen Rechtecke **C** mit den zwei Rechtecken **A'** zusammen, fügen Sie dann das zweite Rechteck **B** auf gleiche Weise wie beim Taschenkörper hinzu. So wird das Futter gebildet.

7 Schieben Sie das Futter rechts auf rechts in die Tasche.

8 Positionieren Sie den Reißverschluss zwischen jedem Streifen **D**, geben Sie an jedem Rand 1 cm Naht hinzu. Auf der Oberseite absteppen.

9 Setzen Sie den Taschenkörper und das Futter zusammen.

Am Strand

Größe: Tasche: 50 x 28 cm – Täschchen: 15 x 10 cm

Material

76 x 70 cm Wachstuch mit buntem, wellenförmigem Muster

76 x 53 cm Baumwollstoff (grün) mit Blumenmotiven (rosa)

2 cm breites Schrägband: 32 cm (mauve), 84 cm (ecru), 34 cm (weiß)

fester Karton, 37 x 15 cm

ein Paar Gurtbänder 3 x 62 cm (ecru)

20 cm Kordel (ecru)

Schlüsselanhänger (silbern)

6 x 2 cm Klettband

Zuschnitt

Wachstuch

- ein Rechteck **A**, 76 x 53 cm, für die Tasche
- ein Rechteck **B**, 17 x 32 cm, für das Täschchen

1 Legen Sie Rechteck **A**, rechts auf rechts, in der Mitte um, nähen Sie dann die Seiten in 1 cm Abstand vom Rand.

2 Formen Sie auf der unteren Partie jeder Seite zwei Spitzen, sodass eine 15 cm lange Grundfläche entsteht.

3 Schneiden Sie die mauve- und ecrufarbenen Schrägbänder in der Mitte durch. Legen Sie die beiden mauvefarbenen Schrägbänder über das jeweilige Taschenende, desgleichen die ecrufarbenen Schrägbänder über den Rand der Taschenvorder- und -rückseite und nähen Sie die Bänder an.

4 Für das Futter nähen Sie den Baumwollstoff auf gleiche Weise zusammen wie für den Taschenkörper.

5 Positionieren Sie das Ende jedes Gurtbandes im Inneren der beiden Taschenteile, 14 cm von jedem Ende entfernt. Dann annähen.

6 Schneiden Sie die ecrufarbene Kordel in zwei gleich lange Stücke. Ziehen Sie den Schlüsselanhänger auf ein Stück, legen Sie es in der Mitte um und nähen Sie es dann 13 cm von einem Taschenende entfernt an.

7 Den festen Karton im Taschenboden einlegen. Schieben Sie das Futter in die Tasche und nähen Sie es mit 1 cm Nahtzugabe an der Oberseite an.

8 Nähen Sie auf die rechte Seite von Rechteck **B** die beiden Teile des Klettbands, 2 cm von jeder Schmalseite, genau in der Mitte an.

9 Schneiden Sie das weiße Schrägband in zwei Stücke. Nähen Sie jedes Stück über jede Schmalseite. Legen Sie das Stück der Breite nach rechts auf rechts um, die untere Partie über 9,5 cm, die obere Partie über 5 cm.

10 Halbieren Sie das zweite Stück ecrufarbener Kordel und nähen Sie es in Höhe des 5 cm langen Überschlags mit 1,5 cm Nahtzugabe an.

11 Nähen Sie die Seiten des Täschchens, wenden Sie dann das Ensemble auf rechts. Befestigen Sie das Täschchen mit der ecrufarbenen Kordel am Schlüsselanhänger der Tasche.

Spaziergang im Sommer

Größe: 27 x 28 cm

Ansicht Rückseite

Material

58 x 57 cm Baumwollstoff mit buntem Kreismuster
8 x 74 cm Baumwollstoff, bunt gestreift
58 x 52 cm Vlieseline
58 x 29 cm Baumwollstoff (weiß)
27 cm Schrägband in 4 cm Breite (weiß)
Perlmuttknöpfe:
*2 **a** Ø 3,5 cm (rosa, blau)*
*2 **b** Ø 2 cm (rosa, blau)*
*2 **c** Ø 1,5 cm (weiß)*
2,5 x 3 cm Klettband (weiß)
Nähgarn (rosa, blau, weiß)

Zuschnitt

Baumwollstoff mit Kreismuster

- zwei Quadrate mit 29 cm Seitenlänge für die Taschenvorder- und -rückseite
- zwei Teile für den Überschlag *(siehe Schablone)*

Vlieseline

- zwei Quadrate mit 29 cm Seitenlänge für die Taschenvorder- und -rückseite
- zwei Teile für den Überschlag *(siehe Schablone)*

Weißer Baumwollstoff für das Futter

- zwei Quadrate mit 29 cm Seitenlänge

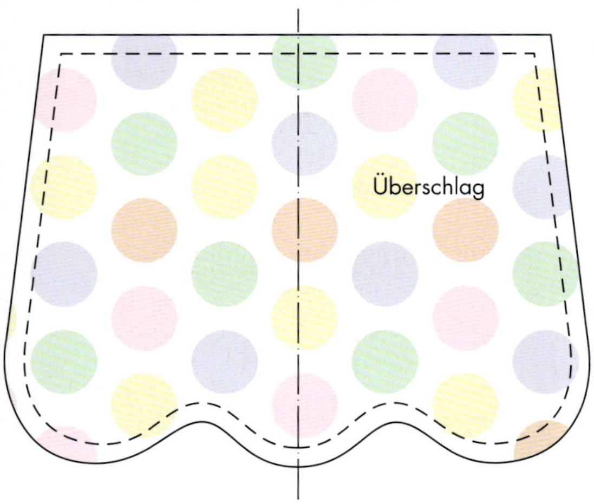

Schablone Maßstab 1:4
Auf 400 % vergrößern

1 Die beiden Vlieseline-Quadrate auf die beiden Baumwollquadrate mit Kreismotiven bügeln. Sie erhalten zwei Teile **A**.

2 Das aus Vlieseline zugeschnittene Rechteck auf eines der zugeschnittenen Rechtecke des Baumwollstoffs mit Kreismuster bügeln. Sie erhalten zwei Teile **B**.

3 Den Streifen von 8 x 74 cm aus gestreiftem μaumwollstoff der Länge nach, rechts auf rechts, in der Mitte umlegen, dann auf jeder Seite mit 1,5 cm Nahtzugabe absteppen. Jedes Ende des so entstandenen Henkels auf die Rückseite eines Teils **A** auf 3,5 cm nähen.

4 Das Schrägband der Länge nach in der Mitte umlegen und dann über eine Seite des zweiten Teils **A** nähen. Die beiden Teile **A** auf drei Seiten, rechts auf rechts, 1 cm vom Rand zusammennähen.

5 Für den Taschenboden auf den zwei unteren Ecken mit Nahtstichen ein Dreieck nähen.

6 Die beiden Teile B rechts auf rechts zusammennähen, nicht jedoch die zugeschnittene Seite, damit die Tasche auf der Rückseite ohne Schwierigkeit zusammengenäht und so der Überschlag geformt werden kann. Das Ensemble wenden und die frei gelassene Seite auf die obere Partie des Taschenrückens, rechts auf rechts, in 1 cm Abstand vom Rand nähen.

7 Für das Futter werden die beiden weißen Baumwollstoffquadrate auf gleiche Weise zusammengenäht wie für den Taschenkörper. Das Futter in die Tasche schieben und unter dem Überschlag positionieren. Mit 1 cm Nahtzugabe für den Überschlag das Ensemble dann auf die gesamte obere Taschenpartie nähen. Der Überschlag wird rundherum abgesteppt.

8 Ein Stück Klettband 2 cm vom oberen Rand in die Mitte der Vorderseite nähen, dann das zweite Stück mittig auf die Rückseite des Überschlags, 4,5 cm vom unteren Rand.

9 Die Knöpfe **b** vorn auf den Überschlag in das Wellental der Bordüre nähen, dann die Knöpfe **c** gegenüber hinter dem Überschlag.

10 Abschließend die Knöpfe **a** an die Henkelenden nähen, um die Nähte zu kaschieren.

Chic am Abend

Größe: 30 x 23 cm

Material

45 x 55 cm Pailletten-Satin (schwarz)
50 x 105 cm Baumwollstoff (schwarz)
32 x 105 cm Vlieseline
30 cm Band aus Musselin (schwarz)
2 Perlen Ø 3 mm (silbern)
1 m dünnes Kettchen (silbern)
Nähgarn (schwarz)

Zuschnitt

Pailletten-Satin

- zwei Rechtecke **A**, 22 x 32 cm, für die Vorder- und Rückseite der Tasche
- zwei Rechtecke **B**, 22 x 10 cm, für die Seitenteile
- zwei Streifen **C**, 32 x 5 cm, für die oberen Partien

Schwarzer Baumwollstoff

- zwei Rechtecke **D**, 32 x 10 cm, für den Taschenboden
- zwei Rechtecke **B'**, 22 x 10 cm, für das Futter der Seitenteile
- ein Rechteck **A'**, 22 x 32 cm, für das Innentäschchen
- zwei Rechtecke **E**, 25 x 32 cm, für das Futter der Vorder- und Rückseite
- vier Laschen **F** mit 3 cm Seitenlänge für die Aufhänger des Kettchens

Vlieseline für das Futter

- ein Rechteck **A"**, 22 x 32 cm, für das Innentäschchen
- zwei Rechtecke **B"**, 22 x 10 cm, für die Seitenteile
- ein Rechteck **D'**, 32 x 10 cm, für den Taschenboden
- zwei Rechtecke **E'** 25 x 32 cm, für die Vorder- und Rückseite

1 Jede Lasche in der Mitte umlegen und mit 5 mm Nahtzugabe auf jeder Seite absteppen. Sie erhalten die Aufhänger.

2 Die Rechtecke **A'** und **A"** (Innentäschchen), **B'** und **B"** (Futter der Seitenteile), **D** und **D'** (Futter des Taschenbodens), **E** und **E'** (Futter der Vorder- und Rückseite) aufeinanderbügeln.

3 Das Innentäschchen säumen. Links auf rechts auf ein Futter der Taschenvorderseite nähen.

4 Das Futter der Seitenteile rechts auf rechts mit dem Futter der Vorder- und Rückseite zusammennähen, dabei eine 14 cm große Öffnung lassen.
Dann das Futter des Taschenbodens rechts auf rechts vernähen.

5 Die Rechtecke **A**, **B** und das zweite Rechteck **D** rechts auf rechts zusammennähen. So entsteht der Taschenkörper.

6 Das Kettchen öffnen, sodass man zwei 50 cm lange Stücke erhält. Jedes Ende dieser Stücke durch die zuvor genähten Aufhänger schieben.

7 Zwei Aufhänger auf der Vorder- und Rückseite, in 7 cm Abstand zu den Seitenteilen, positionieren und dann annähen, die Kettchen nach unten hängen lassen.

8 Die Streifen **C** rechts auf rechts auf die obere Partie von Vorder- und Rückseite nähen.

9 Das Musselinband in der Mitte durchschneiden und in der Mitte der oberen Partie von Vorder- und Rückseite nähen.

10 Die Tasche rechts auf rechts in das Futter schieben, dann beide Teile zusammennähen, darauf achten, dass die Kettchen und die Bänder fest im Tascheninneren mit vernäht werden.

11 Die Tasche durch die vorgesehene Öffnung herausholen und dann zunähen. Vorsichtig überbügeln.

Himbeerfarben

Größe: 26 x 29 cm

Material

85 x 30 cm Leinenstoff (natur)
130 x 65 cm Baumwollstoff mit Blumenmuster (fuchsia, rosa)
4 einfache Ringe Ø 3 cm (silbern)
40 cm Gummiband, 1 cm breit
Nähgarn (rot, naturleinen)

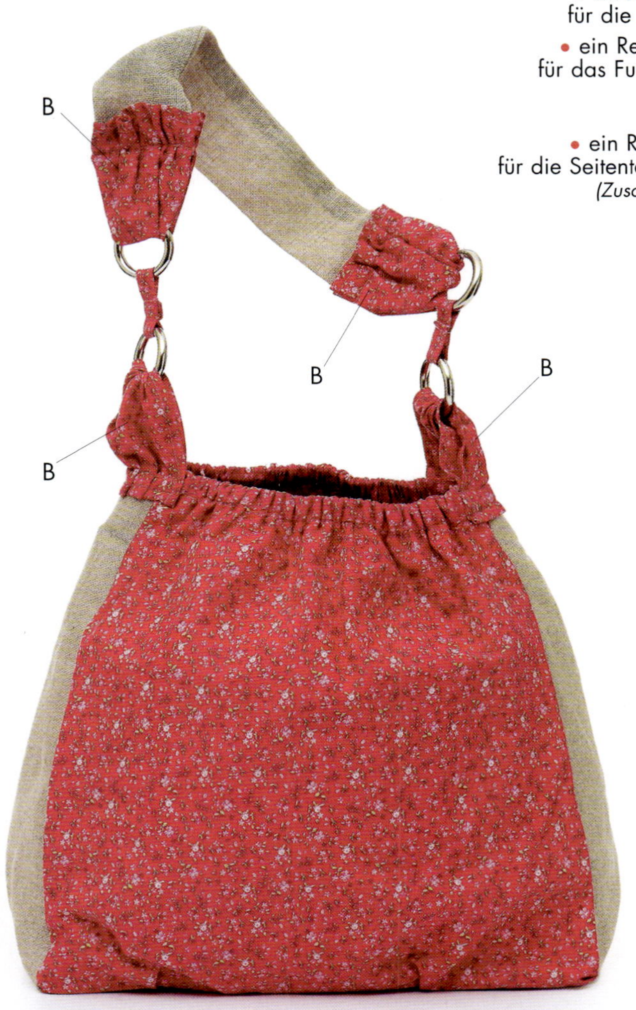

Zuschnitt

Baumwollstoff mit Blumenmuster

- vier Quadrate mit 32 cm Seitenlänge für die Vorder- und Rückseite der Tasche und das jeweilige Futter
- zwei Rechtecke **A**, 18 x 30 cm, für das Futter der Seitenteile
- vier Rechtecke **B**, 12 x 18 cm, für die Aufhänger
- zwei Streifen, 4 x 10 cm, für die Befestigungslaschen
- ein Rechteck **C**, 30 x 17 cm, für das Futter des Taschenbodens

Leinenstoff

- ein Rechteck, 18 x 83 cm, für die Seitenteile und den Taschenboden *(Zuschnitt siehe Schema)*

1 Um den Taschenkörper zu formen, nähen Sie das aus zwei Quadraten Baumwollstoff entstandene Teil zusammen. Auf der unteren Taschenpartie zwei 1 cm kleine Abnäher legen, sodass die Tasche Volumen erhält.

2 Für das Futter werden die beiden anderen Quadrate Baumwollstoff, die beiden auf die Seitenteile zugeschnittenen Rechtecke **A** und das Rechteck **C** rechts auf rechts, 1 cm vom Rand, zusammengenäht. Auf einer Seite eine 19 cm große Öffnung lassen.

3 Das Leinenband der Länge nach, rechts auf rechts, in der Mitte umlegen, nähen und dann wenden. So entsteht der Trageriemen.

4 Jedes Rechteck **B** 1 cm breit säumen. Jedes Rechteck der Breite nach mittig um einen Ring legen. Dann die Rechtecke auf dem Trageriemen positionieren, dessen Enden 2 cm tief versenkt werden. Die Teile auf die gleiche Breite des Trageriemens kräuseln. Das Ensemble vernähen.

5 Die Baumwollstoffstreifen der Länge nach in der Mitte links auf links umlegen, dann absteppen.

6 Anschließend jeden Streifen der Breite nach in der Mitte umlegen, dabei die zuvor befestigten Ringe fassen. Die beiden anderen Ringe der Gegenseite durchziehen. In der Mitte des Streifens eine Trennnaht zwischen beiden Ringen nähen.

7 Die Tasche rechts auf rechts in das Futter schieben und die obere Partie vernähen. Die Tasche aus der vorgesehenen Öffnung herausholen und dann zunähen. Das Futter in die Tasche einlegen. Das Gummiband in zwei Hälften schneiden.

8 Die Vorder- und Rückseite der Tasche an der Oberkante 1,5 cm breit säumen, dann ein Stück Gummiband durch jeden Saum ziehen (Das Gummiband geht nicht über die Seitenteile). Die Enden jedes Gummibandes festnähen, damit es nicht verrutscht.

9 Die beiden letzten Rechtecke **B** 1 cm breit säumen, dann der Breite nach in Mitte umlegen und auf den beiden freien Ringen positionieren. Diese Aufhänger auf den Seiten der Tasche platzieren und kräuseln, um die Nähte zu kaschieren. Über 1 cm nähen, um die Aufhänger zu fixieren und so den Trageriemen mit der Tasche zu verbinden. Zum besseren Halt eine doppelte Steppnaht ausführen.

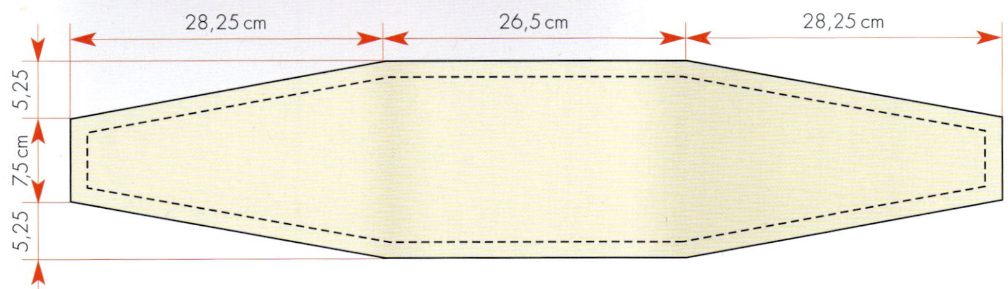

Schema des Taschenbodens und der Seitenteile

Kunterbunt

Größe: 42 x 36 cm

Material

45 x 130 cm Wachstuch mit Blumenmotiven (blau, orange, grün, rosa, violett)
2,50 m Gurtband in 3 cm Breite (gelborange)
74 cm Schrägband in 2 cm Breite (weiß)
eine abgerundete Schnalle 3,5 cm breit (silbern)
7,5 x 2,5 cm Klettband
transparenter Anhänger in Blumenform 4 cm breit (rosa)
Nähgarn (weiß)
Schlüsselanhänger, Länge 6 cm (silbern)

Zuschnitt

Wachstuch mit Blumenmotiven

- ein Rechteck **A**, 44 x 38 cm, für die Taschenvorderseite
- ein Rechteck **B**, 44 x 51 cm, für den Taschenrücken
- ein Rechteck **C**, 44 x 17 cm, für den Überschlag
- ein Rechteck **D**, 30 x 20 cm, für das Außenfach

Die Tasche aus Wachstuch mit Herzchenmotiven wird auf gleiche Weise angefertigt wie die Tasche mit Blumenmotiven, jedoch mit weißem Gurtband. Dieses wird bei der Ausführung nur einmal in der Mitte durchgeschnitten.

1 44 cm Schrägband abschneiden und über eine Längsseite des Rechtecks **A** nähen. Die verbliebenen 30 cm Schrägband über eine Längsseite des Rechtecks **D** nähen.

2 Ein Stück Klettband in die Mitte des Rechtecks **A**, in 4,5 cm Abstand zu der mit Schrägband versehenen Seite (Oberkante), nähen.

3 Rechteck **D** in die Mitte von Rechteck **A**, in 15 cm Abstand zur Oberkante, nähen. So entsteht das Außenfach.

4 Das Gurtband in der Mitte durchschneiden. Ein Stück auf Rechteck **B** anbringen, indem jedes Ende auf 22 cm Höhe und in 5,5 cm Abstand von jeder Seite angenäht wird. Das zweite Stück auf 41 cm zuschneiden und auf Rechteck **A** anbringen, indem das Ende auf 21 cm Höhe, in 5,5 cm Abstand zu einer Seite, angenäht wird. Damit werden die Nähte einer Seite des Außenfachs kaschiert.

5 Das andere Stück des Gurtbands auf gleiche Weise in Höhe der gegenüberliegenden Seite anbringen und somit die Nähte der anderen Seite des Faches kaschieren.

6 Jedes Ende der Gurtbänder von Rechteck **A** durch die abgerundete Schnalle führen und dann zum Fixieren dieses Ensembles mit 2 cm Nahtzugabe festnähen. Den Schlüsselanhänger und den „Blumen"-Anhänger auf die Schnalle montieren.

Ansicht Rückseite

7 Das zweite Stück des Klettbands in die Mitte von Rechteck **C** nähen, in 4,5 cm Abstand zu einer Längsseite. Die Ecken des Rechtecks **C** auf 4 cm abschneiden, ebenso die beiden Ecken von Rechteck **B**.

8 Rechteck **C** auf Rechteck **B** legen, mit den abgeschnittenen Ecken rechts auf rechts genau aufeinander.

9 Rechteck **B** rechts auf rechts auf Rechteck **A** legen, dann die unteren Seiten und die Seiten 1 cm vom Rand mit den Henkeln nach innen nähen. Die Tasche auf rechts wenden.

Valentinstag

Größe: 28 x 20 cm

Material

90 x 80 cm Wachstuch mit Blumenmotiven (himmelblau, rot, grün)

30 x 1,5 cm Vichy-Band (rot)

Nähgarn (weiß)

Reißverschluss 28 cm lang (himmelblau)

Zuschnitt

- ein Rechteck, 69,5 x 49,5 cm, für die Tasche *(siehe Schema unten)*
- zwei Streifen, **A** 31 x 5 cm, für die Henkel
- ein Rechteck **B**, 30 x 16 cm, für das Außenfach
- zwei Streifen **C**, 30 x 7 cm, für den Reißverschluss

1 Nähen Sie das Vichy-Band quer über eine Längsseite von Rechteck **B**.

2 Falten Sie jeden Streifen **A** der Länge nach und nähen Sie mit 1 cm Nahtzugabe auf jeder Seite rechts auf rechts. Sie erhalten die Henkel.

3 Nähen Sie die nicht verzierte Seite des Rechtecks **B** rechts auf rechts auf die Vorderseite des Taschenkörpers, in 19 cm Abstand vom Rand.

4 Um die Schmalseiten des Rechtecks zu nähen, schlagen Sie es links auf rechts um. So entsteht das Außenfach.

5 Nähen Sie vier Seiten des Taschenkörpers rechts auf rechts zusammen.

6 Positionieren Sie die Henkel beiderseits der Taschenöffnung, 8 cm von jeder Seite entfernt, und steppen Sie diese rechts auf rechts an die Vorder- und Rückseite der Tasche.

7 Nähen Sie die Streifen **C** auf beiden Seiten des Reißverschlusses an. Positionieren Sie den Reißverschluss rechts auf rechts und vernähen Sie ihn mit den Henkeln im Tascheninneren.

8 Wenden Sie die Tasche auf rechts und stülpen Sie die Ecken heraus, um die Tasche in die gewünschte Form zu bringen.

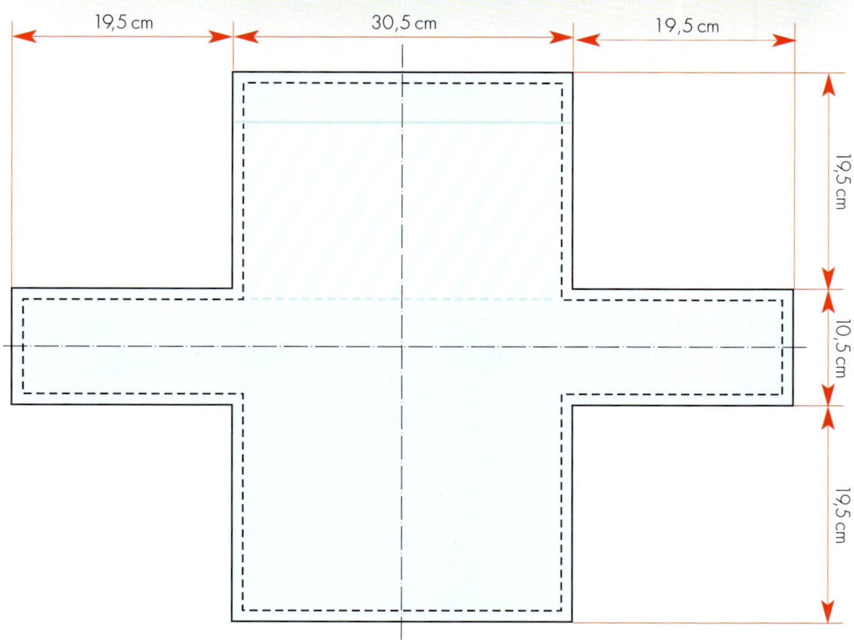

Schnittschema für die Tasche

Rosengarten

Größe: 37 x 46 cm

Material

115 x 90 cm Baumwollstoff (rosa-weiß gepunktet) mit Blumenmotiven
40 x 65 cm Leinenstoff
32 x 80 cm Vlieseline
5,5 x 2,5 cm Klettband
6 Spaltringe Ø 2 cm (silbern)
Gurtband aus Baumwollstoff, 2,5 x 113 cm (weiß)

Ansicht der offenen Tasche

Zuschnitt

Baumwollstoff

- zwei Rechtecke **A**, 40 x 32 cm für die Taschenvorder- und -rückseite
- ein Rechteck **B**, 40 x 95 cm, für das Futter
- ein Streifen **C**, 5 x 113 cm, für den Schulterriemen
- zwei Streifen **D**, 4 x 39 cm, für die Griffe

Leinenstoff

- ein Rechteck **E**, 19 x 40 cm, für den Taschenboden
- ein Streifen **F** von 40 x 6,5 cm, für die obere Taschenpartie
- ein Rechteck **G**, 40 x 18,5 cm, für den Überschlag
- vier Rechtecke **H**, 6 x 2 cm, für die Henkelaufhänger
- zwei Streifen **D'**, 4 x 39 cm, für die Henkel
- zwei Rechtecke **I**, 12 x 3 cm, für die Aufhänger des Schulterriemens

Vlieseline

- zwei Rechtecke, 40 x 32 cm

1 Nehmen Sie die beiden Vlieseline-Rechtecke und bügeln Sie jedes Teil auf die zwei Rechtecke **A**.

2 Nähen Sie Rechteck **E** rechts auf rechts mit den Rechtecken **A** zusammen. So erhalten Sie den Taschenkörper.

3 Legen Sie die Rechtecke **H** der Länge nach, links auf links, in der Mitte um. Mit 1 cm Nahtzugabe auf jeder Seite absteppen. Legen Sie jedes Teil der Breite nach in der Mitte um, ziehen Sie zwei Ringe durch jede Schnalle, die Sie dann an die Oberkante der Tasche, in 14 cm Abstand zu jeder Seite, nähen. Sie erhalten die Aufhänger für die Griffe.

4 Nähen Sie Streifen **F** auf die Taschenvorderseite, platzieren Sie dabei die Henkelaufhänger zwischen beiden Stofflagen. Nähen Sie dann Rechteck **G** an die Taschenrückseite, platzieren Sie dabei die Henkelaufhänger genauso wie auf der Vorderseite. So entsteht der Überschlag. Nähen Sie ein Stück Klettband in die Mitte von Streifen **F**.

5 Nähen Sie Taschenvorder- und -rückseite rechts auf rechts, in 1 cm Abstand vom Rand, zusammen. Schlagen Sie die Ecken des Taschenbodens auf eine 6 cm lange Grundfläche ein.

6 Säumen Sie die beiden Rechtecke **I** auf jeder Seite 5 mm breit. Legen Sie jedes Rechteck in der Mitte um, schieben Sie einen Ring durch jede Schnalle, die Sie dann am jeweiligen Taschenende, in Höhe der Verbindungsnaht von Vorder- und Rückseite, positionieren und auf 2 cm im Tascheninneren annähen.

7 Schieben Sie Rechteck **B** in die Tasche und steppen Sie es mit 1 cm Nahtzugabe rechts auf rechts ins Tascheninnere. Damit haben Sie das Futter. Nähen Sie das andere Stück Klettband auf die Mitte des Überschlagfutters, in 1 cm Abstand zur Oberkante.

8 Steppen Sie die Streifen **D** und **D'** paarweise, links auf links, mit 1 cm Nahtzugabe ab. Das sind die Henkel, die Sie nun in die Ringe der jeweiligen Aufhänger mit 3 cm Nahtzugabe nähen.

9 Legen Sie Streifen **C** der Länge nach in der Mitte um, nähen Sie ihn mit dem Schulterriemen links auf links mit 1 cm Nahtzugabe zusammen, dann übersteppen. Diesen Schulterriemen in den Ringen der jeweiligen Aufhänger mit 3 cm Nahtzugabe vernähen.

Diese Tasche ist für einen Laptop gedacht.

Ländlich

Höhe: 45 cm - Durchmesser: 30 cm

Material

125 x 125 cm Jeansstoff (blau)
85 x 41 cm Baumwollstoff mit Blumenmuster (ecru, rot, blau, orange)
86 x 50 cm Baumwollstoff mit Lilienmotiven (rot)
45 x 96 cm gestreifter Baumwollstoff mit Blumenmuster (rot)
3 Rechtecke Vlieseline 31 x 20 cm
3,5 x 2,5 cm Klettband rechteckige
Schnalle 3,5 x 1,5 cm (silbern)
verstellbare Schnalle 4 x 2 cm (bronze)
3 einfache Ringe (bronze): 1 x Ø 2,5 cm, 2 x Ø 1,5 cm
zwei Karabinerhaken, 3,5 cm lang (1 silbern, 1 bronze)
Gummiband, 12 cm lang und 1 cm breit
Sicherheitsnadel
Zackenschere

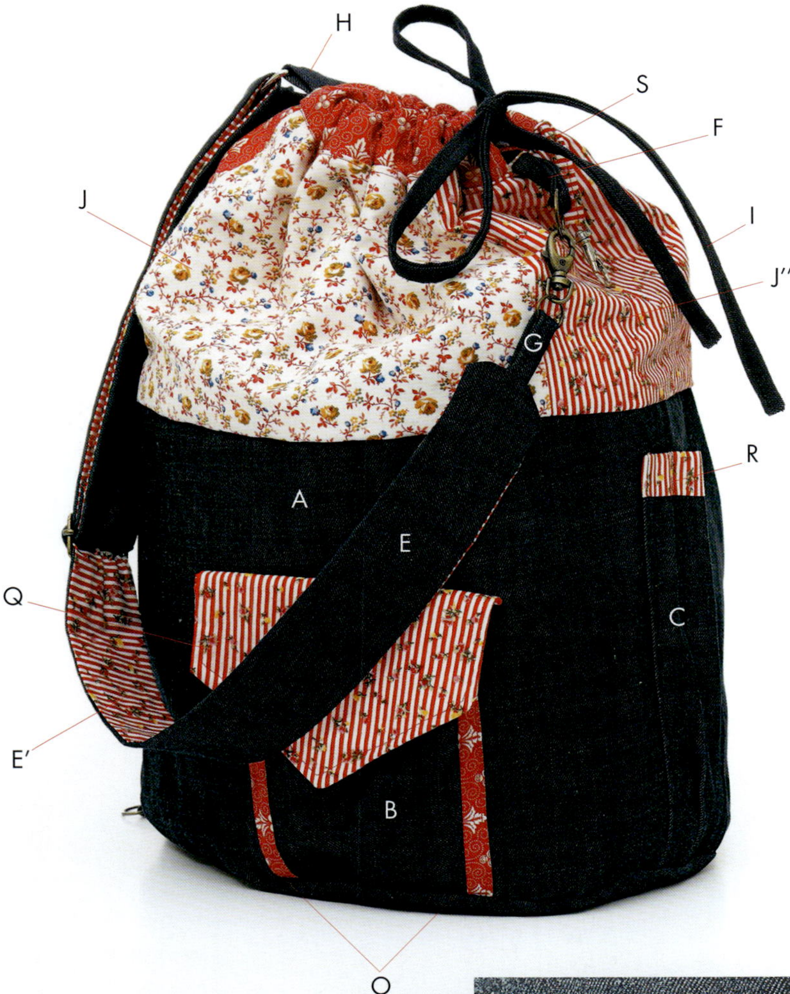

Zuschnitt

Jeansstoff

- zwei Rechtecke **A**, 84 x 26 cm, für die untere Taschenpartie und das Futter
- zwei Kreise mit 30 cm Durchmesser für den Taschenboden und das Futter
- ein Rechteck **B**, 13 x 15 cm, für die Außentasche
- ein Rechteck **C** von 8 x 22 cm, für das Täschchen für Stifte
- ein Rechteck **D**, 27 x 19 cm, für das Täschchen für eine Flasche
- ein Streifen **E**, 7 x 96 cm, für den Schulterriemen
- ein Rechteck **F**, 16 x 3 cm, und zwei Rechtecke **G**, 8 x 3 cm, für die kleinen Aufhänger
- ein Rechteck **H**, 6 x 10 cm, für den rechteckigen Aufhänger
- ein Streifen **I**, 125 x 3 cm, für das Zugband

Baumwollstoff mit Blumenmuster

- ein Rechteck **J**, 31 x 20 cm, für die obere Taschenpartie
- ein Rechteck **K**, 84 x 20 cm, für das Futter
- ein Rechteck **L**, 17,5 x 9 cm, für das Flaschentäschchen

(für den Zuschnitt mit der Zackenschere siehe Schema Seite 39)

Baumwollstoff mit Lilienmotiven

- ein Rechteck **J'**, 31 x 20 cm, für die obere Taschenpartie
- ein Streifen **M**, 86 x 5 cm, für den Tunnelsaum
- ein Streifen **N**, 15 x 4 cm, und zwei Streifen **O**, 16 x 3 cm, für die Schrägbänder der Außentasche
- ein Rechteck **P**, 21 x 23 cm, für das Innenfach

gestreifter Baumwollstoff

- ein Rechteck **J''**, 31 x 20 cm, für die obere Taschenpartie
- zwei Rechtecke **Q**, 17 x 14 cm, für den Überschlag der Außentasche *(siehe Schema Seite 39)*
- ein Streifen **R**, 6 x 8,5 cm, für das Schrägband des Stiftetäschchen
- ein Rechteck **S**, 3 x 14 cm, für die Befestigungsschlaufe des silbernen Karabinerhakens
- ein Rechteck **T**, 21 x 27 cm, für die Innentasche
- ein Streifen **E'**, 7 x 96 cm, für den Schulterriemen

Bei dieser Tasche gibt es zwei Möglichkeiten zum Anbringen des Schulterriemens

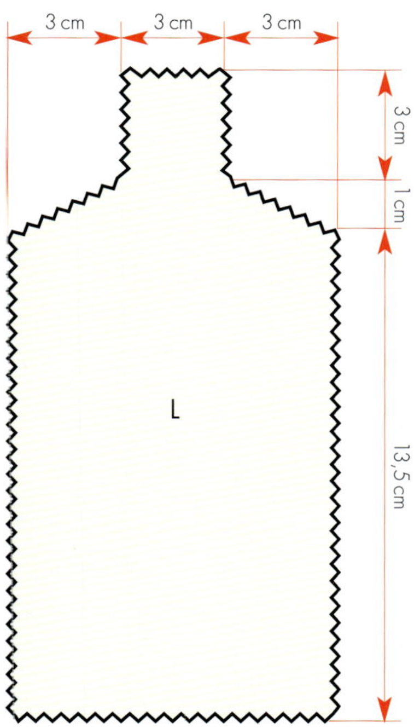

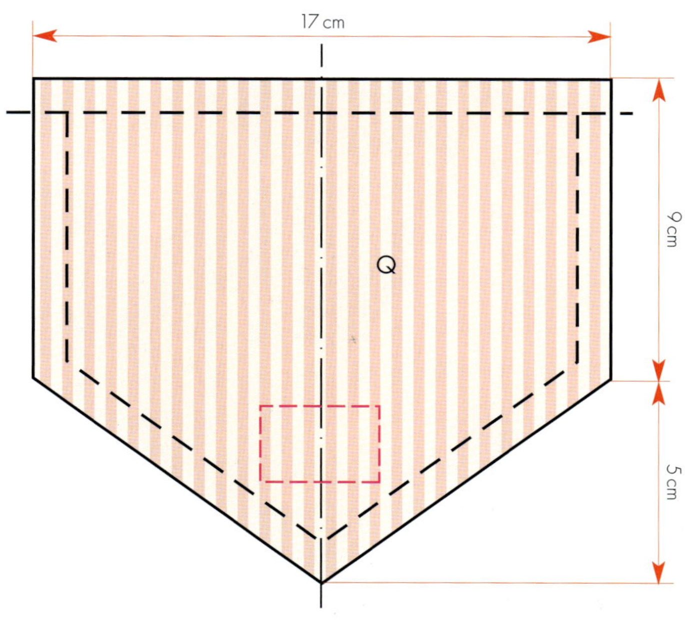

Ländlich

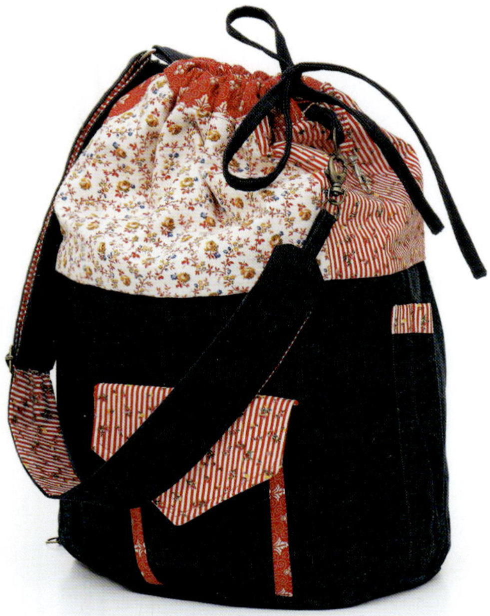

1 Die Vlieseline-Rechtecke auf die Rechtecke **J**, **J'** und **J"** bügeln und dann der Breite nach, rechts auf rechts, 1 cm vom Rand zusammennähen. Sie erhalten einen „Patchwork"-Streifen, den Sie der Länge nach mit einem Rechteck **A**, rechts auf rechts, 1 cm vom Rand zusammennähen. So entsteht der Taschenkörper.

2 Ein Rechteck **G** der Länge nach in der Mitte links auf links umlegen, dann mit 5 mm Nahtzugabe auf jeder Seite absteppen. Diese Lasche der Breite nach in der Mitte umlegen und einen Ring mit 1,5 cm Durchmesser durchziehen. Das Ensemble auf die untere Partie der Jeanstasche nähen, in 5 cm Abstand vom Rand.

3 Das Rechteck **H** der Länge nach, rechts auf rechts, in der Mitte umlegen, dann 1 cm vom Rand vernähen. Das Teil wieder auf rechts legen. Den entstandenen Aufhänger der Breite nach in der Mitte umlegen und die rechteckige, silberne Schnalle hineinschieben. Dieses Ensemble in 7 cm Abstand vom Rand auf die obere Partie der Baumwollstofftasche nähen, auf derselben Seite wie der untere Aufhänger.

4 Das Rechteck **F** der Länge nach, links auf links, in der Mitte umlegen, dann mit 5 mm Nahtzugabe auf jeder Seite absteppen. Diese Lasche der Breite nach in der Mitte umlegen und den Ring mit 2 cm Durchmesser durchschieben. Dieses Ensemble in 39 cm vom Rand auf die obere Partie der Baumwollstofftasche nähen.

5 Das Rechteck **S** der Länge nach, links auf links, in der Mitte umlegen, dann mit 5 mm Nahtzugabe auf jeder Seite absteppen. Diese Lasche der Breite nach in der Mitte umlegen und den silbernen Karabinerhaken durchschieben. Dieses Ensemble auf die obere Partie der Baumwollstofftasche nähen, in 1,5 cm Abstand zur vorher angebrachten Lasche.

6 Für die Schrägbänder der Außentasche werden der Streifen **N** und die Streifen **O** an drei Seiten mit 5 mm Nahtzugabe an das Rechteck **E** genäht. Ein Stück Klettband in 2 cm Abstand zur Oberkante in die Taschenmitte nähen. Die Außentasche 12 cm vom Rand an der unteren Partie der Jeanstasche platzieren. Die untere Schmalseite rechts auf rechts auf 1 cm nähen, dabei in der Mitte eine Falte legen, um der Außentasche Volumen zu geben. Die beiden anderen Seiten absteppen.

7 Die beiden zugeschnittenen Rechtecke **Q** rechts auf rechts nähen, die zugespitzte Partie offen lassen. Wenden und dann 5 mm vom Rand jeder Seite absteppen. Den so geformten Überschlag 5 mm von der Oberseite der Außentasche, mit der Spitze nach oben, mittig in Höhe der Basis annähen, dann die Spitze umschlagen. Das zweite Stück Klettband in der Mitte des Überschlags annähen, in 2 cm Abstand zur Spitze.

8 Den Streifen **R** quer über eine Schmalseite des Rechtecks **C** nähen. So erhalten Sie den Schrägstreifen, in dessen Mitte Sie einen Abnäher machen und dann 9,5 cm von der zuvor aufgenähten Tasche, links auf rechts, mit 5 mm Nahtzugabe auf die untere Schmalseite nähen. Dann die beiden anderen Seiten mit 5 mm Nahtzugabe absteppen. Die beiden Fächer für die Stifte werden in der Mitte über die gesamte Höhe mit einer Steppnaht getrennt.

9 Das Rechteck **D** an einer Schmalseite 1,5 cm säumen. Das Gummiband mithilfe einer Sicherheitsnadel durch den Tunnelsaum ziehen, anschließend die Enden fest vernähen. Den flaschenförmigen Baumwollstoff mit Blumenmotiven im Zickzackstich in die Mitte dieses Täschchens in 4,5 cm Abstand zur Oberkante nähen. Das Flaschentäschchen in 9 cm Abstand zum Täschchen für Stifte positionieren und dann drei Seiten mit 5 mm Nahtzugabe auf jeder Seite nähen. Die Seite mit dem Gummiband bleibt offen.

10 Die Rechtecke **P** und **T** säumen. Rechteck **T** auf das zweite Rechteck **A** legen, in 12 cm Abstand zum Rand und mit 1 cm Nahtzugabe auf jeder Seite. Das Rechteck auf drei Seiten zu einer ersten Innentasche vernähen. Rechteck **P** in 4 cm Abstand zum vorherigen Täschchen mit 1 cm Nahtzugabe auf jeder Seite positionieren. Das Rechteck auf drei Seiten nähen, um die zweite Innentasche zu formen.

11 Rechteck **K** auf der Längsseite mit 1 cm Seitenabstand mit Rechteck **A**, das mit den zwei Täschchen versehen ist, zusammennähen. Für den Boden einen Kreis mit 30 cm Durchmesser, rechts auf rechts, mit 1 cm Abstand zum Rand hinzufügen, dabei auf jeder Seite 1 cm lassen. Oben zunähen. So entsteht das Futter.

12 Den zweiten Kreis mit 30 cm Durchmesser auf gleiche Weise an den Taschenkörper nähen wie beim Futter und dann oben zunähen.

13 Den Streifen **M** auf jeder Schmalseite 1 cm breit säumen und dann am oberen Taschenrand positionieren, indem die Öffnung gegenüber der vorher montierten, rechteckigen Schnalle platziert wird. Rechts auf rechts mit 1 cm Abstand zum Rand vernähen, dann mit 1 cm Nahtzugabe ins Tascheninnere umlegen und annähen. So entsteht der Tunnelsaum.

14 Das Futter mit 1 cm Nahtzugabe am oberen Rand in die Tasche schieben und mit einer Steppnaht oben an die Tasche nähen.

15 Streifen **I** der Länge nach, links auf links, in der Mitte umlegen, dann mit 5 mm Nahtzugabe absteppen. Diesen Riemen mithilfe einer Sicherheitsnadel durch den zuvor ausgeführten Tunnelsaum ziehen.

16 Das zweite Rechteck **G** der Länge nach, links auf links, in der Mitte falten und mit 5 mm Nahtzugabe auf jeder Seite absteppen. Den zweiten Ring mit 1,5 cm Durchmesser durchziehen. Die Lasche der Breite nach in der Mitte umlegen und in der Mitte einer Schmalseite des Streifens **E** rechts auf rechts vernähen.

17 Den Streifen **E**, rechts auf rechts, 1 cm von jeder Seite an den Streifen **E'** nähen, mit der Lasche nach innen. Den Schulterriemen auf rechts wenden, dabei die Lasche herausholen. Ein Riemenende durch die rechteckige Schnalle ziehen, dann die verstellbare Schnalle montieren. Das andere Riemenende (versehen mit der Lasche und dem Ring) mithilfe des bronzefarbenen Karabinerhakens an die Tasche montieren.

Freizeit

Größe: 36 x 54cm

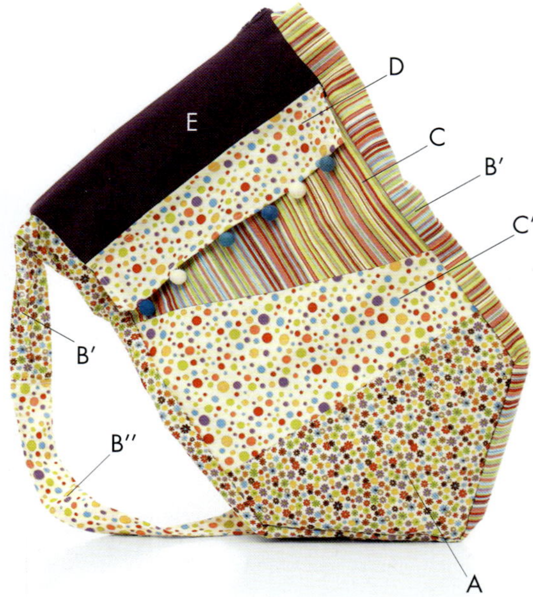

Ansicht Rückseite

Material

30 x 81 cm Stoff mit Blumenmotiven (bunt)
30 x 81 cm gestreifter Stoff (bunt)
30 x 115 cm gepunkteter Stoff (bunt)
57 x 64 cm Stoff (bordeaux)
32 x 45 cm Baumwollstoff (ecru)
Nähgarn (violett, ecru)
6 Filzkugeln Ø 1,5 cm (2 x blau, 2 x türkis, 2 x ecru)
Reißverschluss, Länge 30 cm (violett)

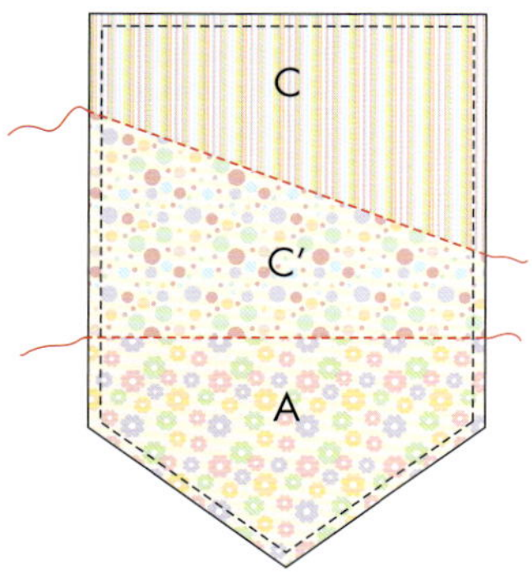

Schema für die Außentasche

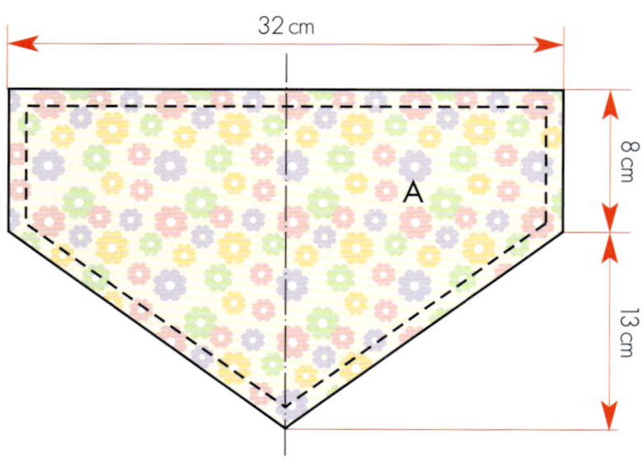

Zuschnitt

Stoff mit Blumenmotiven*

- ein Rechteck **A**, 32 x 20 cm, für das Außentäschchen
- ein Streifen **B**, 10 x 81 cm, für den Schulterriemen

Gestreifter Stoff*

- ein Dreieck **C**, 21 x 56,5 x 60 cm, für die Außentasche
- ein Streifen **B′**, 10 x 81 cm, für den Schulterriemen

Gepunkteter Stoff*

- ein Dreieck **C′**, 21 x 56,5 x 60 cm, für die Außentasche
- ein Streifen **D**, 32 x 10 cm, für den Überschlag der Außentasche
- ein Streifen **B′′**, 10 x 81 cm, für den Schulterriemen

Bordeauxfarbener Stoff*

- zwei Rechtecke **E**, 32 x 57 cm, für die Taschenvorder- und -rückseite

Ecrufarbener Stoff*

- zwei Rechtecke **F**, 32 x 45 cm, für das Futter der Außentasche

** Jedes Teil nach dem entsprechenden Schema zuschneiden*

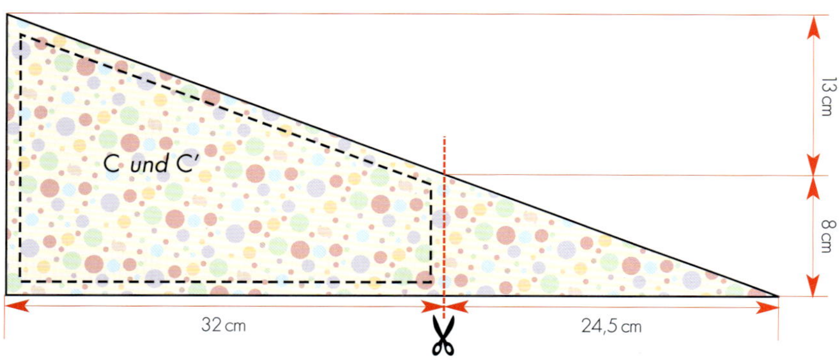

1 Nähen Sie Teil **A** mit den Teilen **C′** und **C** umgekehrt, rechts auf rechts, 1 cm vom Rand zusammen. Das Ensemble flach überbügeln.

2 Nähen Sie Rechteck **F**, rechts auf rechts, 1 cm vom Rand auf die gestreifte Partie. Wenden Sie Rechteck **F** links auf links und gehen Sie mit dem Bügeleisen über die Nahtstelle. Das flache Rechteck **F** in 1 cm Abstand vom Rand nähen. Das ist das Futter.

3 Nähen Sie dieses Teil dann rechts auf links, in 1 cm Abstand vom Rand, flach auf ein Teil **E**. So entsteht die Außentasche. Die Spitzen müssen genau übereinanderliegen.

4 Säumen Sie den Streifen **D** mit 1 cm Nahtzugabe auf jeder Seite und nähen Sie ihn dann rechts auf links, in 9,5 cm Abstand vom oberen Rand von Teil **E** und 1,5 cm von jeder Seite. Sie erhalten den Überschlag der Außentasche.

5 Nähen Sie Streifen **B** und **B′** der Breite nach in 1 cm Abstand vom Rand zusammen. Der Streifen **BB′** wird auf die Bordüre von Rechteck **E** genäht, beginnend an der Spitze und dann auf jeder Seite 1 cm vom Rand aufwärts. Nähen Sie das zweite Rechteck **E** auf gleiche Weise. So erhalten Sie den Taschenkörper.

6 Nähen Sie den Reißverschluss mit 1 cm Nahtzugabe auf die Taschenvorder- und -rückseite.

7 Säumen Sie jedes Ende des Streifen **BB′**, bis Sie eine Breite von 3,5 cm erhalten. Legen Sie den Streifen **B″** der Länge nach, links auf links, in der Mitte um und positionieren Sie ihn dann an jedem nurmehr 3,5 cm breiten Ende, indem Sie die Nähte kaschieren und 1 cm Naht zugeben. Steppen Sie den so entstandenen Schulterriemen 5 mm von den Rändern ab.

8 Nähen Sie die Filzkugeln im Abstand von jeweils 4 cm auf den Überschlag der Außentasche.

Paradiesvögel

Größe: Tasche: 30 x 34 cm – Täschchen: 15 x 15 cm

Material

65 x 65 cm fester Baumwollstoff mit Blumen- und Vogelmotiven (petrol)

50 cm Schrägband, 2 cm breit (ecru)

40 cm dünne Kordel (ecru)

Perlmuttknopf in Blumenform Ø 1,5 cm (weiß)

Druckknopf Ø 1 cm (silbern)

Nähgarn (blau, ecru)

Zuschnitt

- zwei Rechtecke, 33 x 36,5 cm, für die Tasche *(siehe Schema unten)*
- zwei Quadrate mit 16 cm Seitenlänge für das Täschchen *(siehe Schema unten)*
- zwei Streifen **A**, 24 x 4 cm, für das Schrägband der Tasche
- zwei Streifen **B**, 58 x 5 cm, für die Henkel

1 Nähen Sie die beiden zugeschnittenen Rechtecke rechts auf rechts zusammen. Sie erhalten so den Taschenkörper.

2 Legen Sie die Streifen **A** quer über die zwei Seiten der Taschenöffnung, mit 1 cm Nahtzugabe auf die zwei Seiten der Taschenöffnung nähen.

3 Legen Sie die Streifen **B** in der Mitte um und nähen Sie diese dann auf jede abgerundete Taschenpartie mit 1 cm Nahtzugabe auf jeder Seite. So formen Sie die Henkel.

4 Nähen Sie eine Hälfte des Druckknopfs in der Mitte jeder Taschenrundung an. Wenden Sie die Tasche auf rechts.

5 Nähen Sie den Perlmuttknopf auf die Nahtstelle einer Druckknopfhälfte.

6 Nähen Sie die beiden zugeschnittenen Quadrate rechts auf rechts zusammen. So erhalten Sie den Körper des Täschchens.

7 Schneiden Sie die Kordel in vier 10 cm lange Stücke. Nähen Sie jedes Kordelende auf die Ecken der Rundungen. Schneiden Sie das ecrufarbene Schrägband in zwei 25 cm lange Stücke, legen Sie dann jedes Stück quer über die beiden Seiten der Öffnung des Täschchens. Beim Vernähen das Ende der Kordeln fassen.

8 Formen Sie mit dem anderen Ende jeder Kordel eine Schlaufe mit 2 cm Durchmesser, die Sie mit ein paar Stichen festnähen, damit sie nicht aufgeht. Legen Sie die Schlaufe über den Perlmuttknopf.

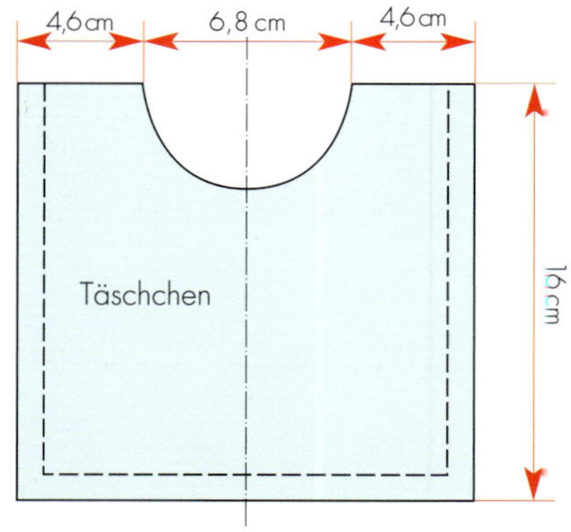

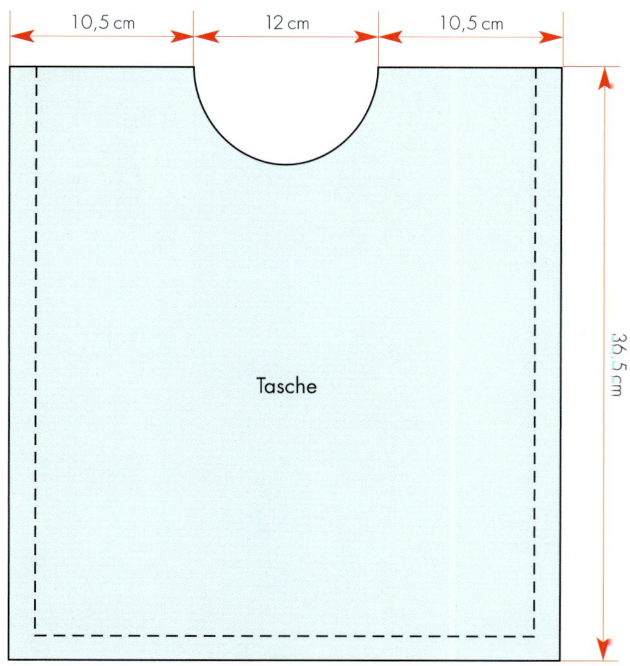

Patchwork

Größe: 50 x 36 cm

Material

120 x 120 cm Patchworkstoff (hellrosa, Auswahl von 4 Stoffen)
120 x 52 cm Stoff (himbeer)
2 Messingringe Ø 2,5 cm (bronze)
verstellbare Schnalle 4,5 x 2 cm (bronze)
2,5 m Kordelschnur (ecru)

Zuschnitt

Patchworkstoff
(jeweils nach dem Schema unten zuschneiden)

- 10 Streifen **A**, 12,5 x 44 cm, für die Tasche
- ein Streifen **B**, 11 x 23 cm,
- ein Streifen **C**, 11 x 67 cm,
- zwei Streifen **D**, 11 x 35 cm, für den Schulterriemen

Himbeerfarbener Stoff
(jeweils nach dem Schema unten zuschneiden)

- 10 Streifen **A'**, 12,5 x 44 cm, für das Taschenfutter

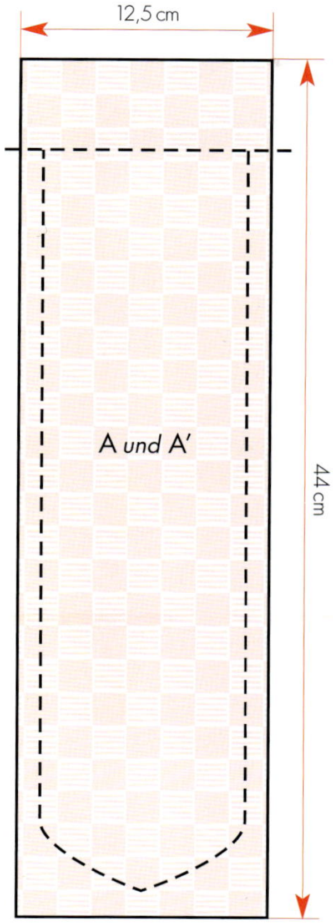

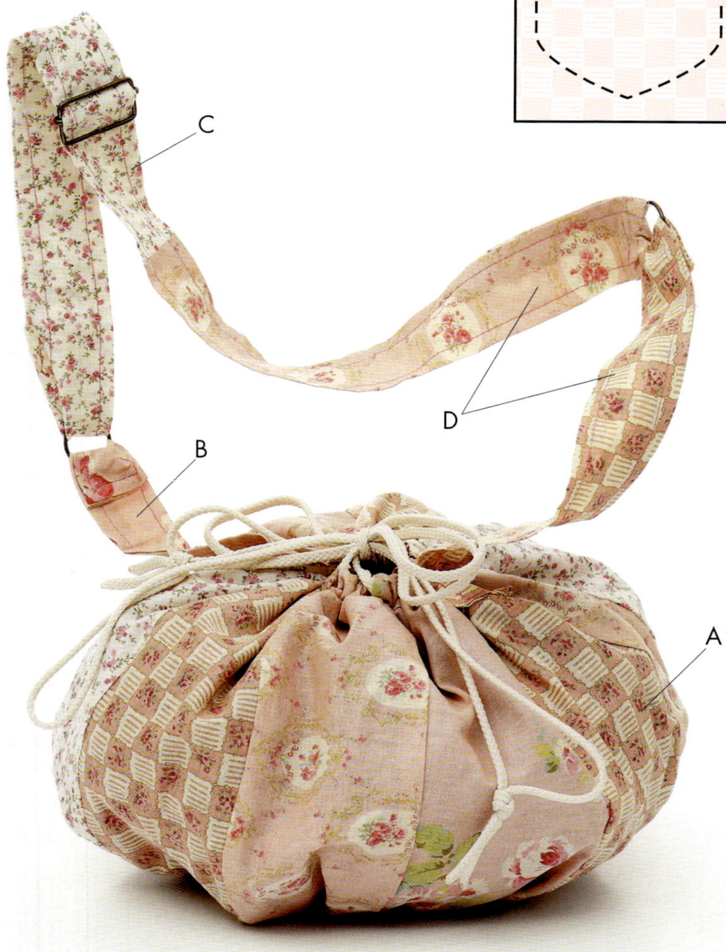

1 Nähen Sie 10 Streifen **A**, rechts auf rechts, 1 cm vom Rand zusammen, dabei die Seiten des 5. und 10. Streifens nicht vernähen. Die abgerundeten Seiten zusammennähen und mit einer Naht schließen. Sie erhalten den Taschenkörper.

2 Verarbeiten Sie die Streifen **A'** für das Futter auf gleiche Weise, lassen Sie dabei auf einem Teil eine 16 cm lange Öffnung.

3 Nähen Sie einen Streifen **C** und einen Streifen **D** der Breite nach auf 1 cm zusammen. Legen Sie diesen Streifen **CD** der Länge nach, links auf links, in der Mitte um; auf jeder Seite mit 1 cm Nahtzugabe absteppen.

4 Legen Sie den Streifen **B** der Länge nach, links auf links, in der Mitte um und steppen Sie ihn mit 1 cm Nahtzugabe auf jeder Seite ab. Wiederholen Sie diesen Arbeitsgang mit dem zweiten Streifen **D**.

5 Säumen Sie jedes Ende der Streifen **CD**, **B** und **D** mit 1 cm Nahtzugabe im Steppstich.

6 Nähen Sie den Streifen **B** mit Kreuzstichen auf das Patchworkensemble, in 3 cm Abstand zur Oberkante. Auf gleiche Weise fixieren Sie den Streifen **D** auf der gegenüberliegenden Seite von Streifen **B**. Durch die Enden der Streifen **B** und **D** einen Ring schieben und mit 3 cm Nahtzugabe fixieren.

7 Ziehen Sie den Streifen **CD** durch die verstellbare Schnalle, schieben Sie dann das Ende dieses Streifens in einen der Ringe. Die verstellbare Schnalle mit 3 cm Nahtzugabe fixieren. Ziehen Sie das andere Ende des Streifens **CD** durch den anderen Ring. Jedes Ende mit 3 cm Nahtzugabe an den jeweiligen Ringen fixieren.

8 Schieben Sie die Tasche in das Futter, den Schulterriemen zwischen beiden Stofflagen durchführen, dann die obere Partie in 1 cm Abstand vom Rand vernähen.

9 Geben Sie auf jeder der 3 cm großen Öffnungen 1 cm Naht hinzu. Die Tasche durch die Öffnung im Futter herausholen, dann zunähen. Das Futter wieder in die Tasche einlegen.

10 Um die Tasche herum einen 2 cm breiten Tunnelsaum nähen. Die Kordel in der Mitte durchschneiden. Ziehen Sie ein erstes Stück durch eine der kleinen Öffnungen im Tunnelsaum und holen Sie es durch die andere kleine Öffnung heraus. Auf gleiche Weise verfahren Sie mit dem anderen Stück.

11 Verknoten Sie die Enden jeder Kordel miteinander. Wenn Sie an den Kordeln auf beiden Seiten ziehen, schließen Sie damit die Tasche.

Erdbeer-Schoko

Größe: 22 x 24 cm

Material

Fester Baumwollstoff:
67 x 50 cm (schoko), 16 x 36 cm (rosa)
50 x 50 cm Polyester (braun)
Druckknopf Ø 2 cm (silbern)
6 Knöpfe Ø 1 cm in Blumenform (rosa)
Nähgarn (rosa, schoko)

Zuschnitt

Schokofarbener Baumwollstoff

- ein Rechteck, 48 x 28,5 cm, für die Tasche *(siehe Schema unten)*
- zwei Streifen **A**, 9 x 20 cm, für die Seiten
- ein Streifen **B**, 8 x 40 cm, für den Griff

Rosafarbener Baumwollstoff

- ein Stück, 16,5 x 38 cm, für den Überschlag *(siehe Schema unten)*

Brauner Polyester für das Futter

- ein Rechteck, 48 x 28,5 cm, für die Tasche *(siehe Schema unten)*
- zwei Streifen **A'**, 9 x 20 cm, für die Seiten

1 Den Streifen **B** der Länge nach in der Mitte umlegen und dann mit 1 cm Nahtzugabe auf jeder Seite in 5 mm Abstand zum Rand mit dem schokofarbenen Garn nähen.

2 Die Streifen **A** mit dem in der Mitte umgelegten Taschenkörper rechts auf rechts zusammennähen.

3 Für das Futter mit dem 48 x 28,5 cm großen Polyesterstück und mit den Streifen **A'** auf gleiche Weise verfahren, dabei auf einer Seite eine 14 cm große Öffnung lassen.

4 Die eine Hälfte des Druckknopfs in 9,5 cm Abstand vom oberen Rand und 12 cm von jeder Seite auf die Vorderseite der Tasche nähen.

5 Die Tasche rechts auf rechts in das Futter schieben und dieses dann an die Tasche nähen. Die Tasche durch die vorgesehene Öffnung im Futter herausholen, dann zunähen. Das Futter in der Tasche platzieren.

6 Die Griffenden auf 2 cm im Tascheninneren auf jeder Seite positionieren. Jedes Griffende zum besseren Halt kreuzförmig annähen.

7 Das Rechteck aus rosa Baumollstoff der Breite nach in der Mitte umlegen und beide Stofflagen spitz zuschneiden. Das Teil gefaltet lassen. Mit dem rosa Faden 5 Knöpfe in Blumenform auf die zugespitzte Seite nähen.

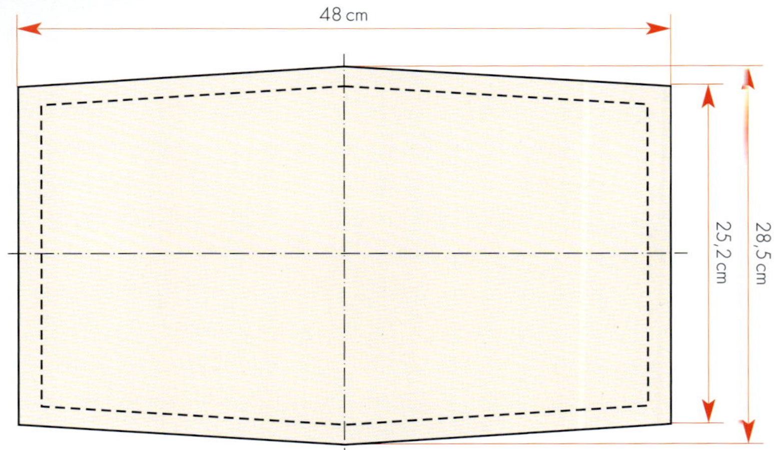

Rück- und Vorderseite der Tasche

8 Beide Stofflagen mit rundum 5 mm Nahtzugabe zusammennähen. Das Teil in der Mitte des Taschenrands auf der gegenüberliegenden Seite zur Seite mit dem Druckknopfs annähen, in 1 cm Abstand zum Rand. So entsteht der Überschlag.

9 Die andere Hälfte des Druckknopfs 3 cm von der Spitze entfernt unter dem Überschlag annähen. Dann den letzten Knopf in Blumenform auf den Überschlag nähen, um die Nahtstelle des Druckknopfs zu kaschieren.

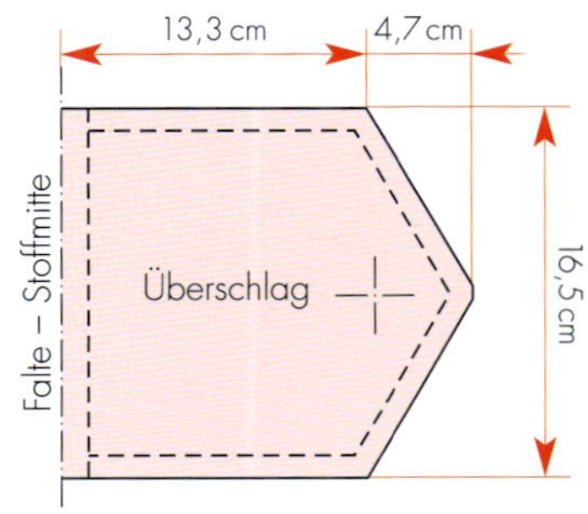

20-er Jahre

Größe: 29 x 28 cm

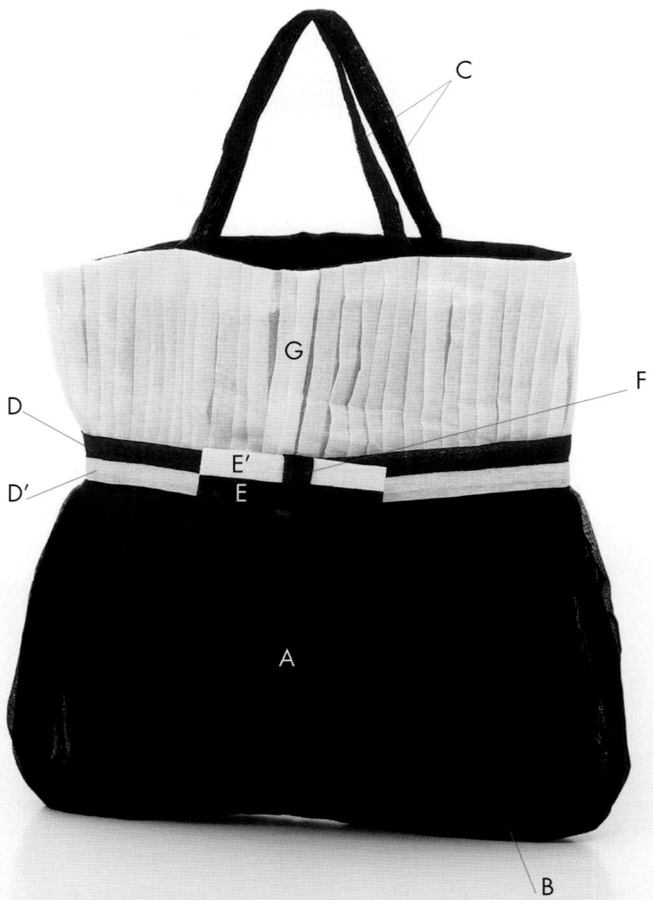

Material

Organza:
184 x 31 cm (schwarz), 184 x 20 cm (weiß)
58 x 31 cm Baumwollstoff (schwarz)
Nähgarn (schwarz, weiß)
Flaches Lineal
Bleistift

Zuschnitt

Schwarzer Organza

- ein Rechteck **A**, 184 x 21 cm, für einen Teil der Tasche
- ein Streifen **B**, 5 x 27 cm, für den Boden
- zwei Streifen **C**, 4 x 30 cm, für die Griffe
- ein Streifen **D**, 55 x 4 cm
- zwei Streifen **E**, 18 x 4 cm, für die waagrechte Partie der Schleife
- zwei Rechtecke **F**, 7 x 3 cm, für die senkrechte Partie der Schleife

Weißer Organza

- ein Rechteck **G**, 184 x 12 cm, für den anderen Teil der Tasche
- ein Streifen **D'**, 55 x 4 cm,
- zwei Streifen **E'**, 18 x 4 cm, für die waagrechte Partie der Schleife

Schwarzer Baumwollstoff

- ein Rechteck **H**, 58 x 31 cm, für das Futter

1 Rechteck **A** und Rechteck **G** bügeln. Flach ausbreiten und mit dem Bleistift im Abstand von circa 1 cm senkrechte Streifen ziehen. Dann jedes Rechteck entlang der Markierung falten. Auf jeder Seite 2 cm ungefaltet lassen. Jedes Rechteck überbügeln, um die Falten zu betonen.

2 Rechteck **A** und Rechteck **B** in der Breite zusammennähen.

3 Die Streifen **D** und **D'** der Länge nach in der Mitte umlegen, dann mit 1 cm Nahtzugabe auf jeder Seite absteppen. Beide Bänder der Länge nach zu einem schwarz-weißen Band zusammennähen.

4 Dieses schwarz-weiße Band auf die Längsseiten der Vorder- und Rückseite der Tasche nähen, mit der schwarzen Partie des Streifens auf der weißen Seite der Tasche und der weißen Partie auf der schwarzen Seite.

5 Die Tasche schließen, darauf achten, dass die Enden des zweifarbigen Streifens sich nicht überschneiden. Zwischen beiden 4 cm Abstand lassen. Dieser Zwischenraum muss in der Mitte einer Taschenseite liegen, um dort die Schleife anzubringen.

6 Das Teil auf links wenden und den Streifen **B** positionieren, um den Taschenboden zu formen. Das Ensemble rechts auf rechts nähen. Das Teil wenden.

7 Die Streifen **C** der Länge nach in der Mitte umlegen, dann mit 1 cm Nahtzugabe auf jeder Seite im Steppstich vernähen. So entstehen die Taschengriffe, deren Enden in 8 cm Abstand von beiden Seiten im Inneren jeder Taschenseite mit 2 cm Nahtzugabe angenäht werden.

8 Danach die Schleife ausführen. Dazu werden die Streifen **E** und **E'** der Länge nach in der Mitte umgelegt und mit 1 cm Nahtzugabe auf jeder Seite genäht. Die beiden Streifen zu einem zweifarbigen Streifen zusammensteppen. Diesen Streifen der Breite nach in der Mitte umlegen, dann mit Nahtstichen schließen.

9 Das Rechteck **F** der Länge nach in der Mitte umlegen und mit 2 cm Nahtzugabe auf jeder Seite nähen. Flach überbügeln. So entsteht die schwarze Schlaufe der Schleife. Das zweifarbige Band durch diese Schlaufe schieben.

10 Die so geformte Schleife in der Mitte einer Taschenseite aufnähen, farblich entgegengesetzt zum Streifen der Tasche. Diesen Arbeitsgang für die zweite Schleife wiederholen.

11 Zur Anfertigung des Futters wird Rechteck **H** der Breite nach in der Mitte umgelegt, und die Seiten werden rechts auf rechts bis auf eine 21 cm große Öffnung zusammengenäht. Das Teil auf links wenden. Die Tasche mit nach unten gerichteten Griffen in das Futter schieben. Das Futter an die Tasche nähen. Die Tasche aus der vorgesehenen Öffnung holen und dann zunähen. Das Futter in die Tasche einlegen, dann leicht überbügeln.

Orientalisch

Größe: 28 x 23 cm

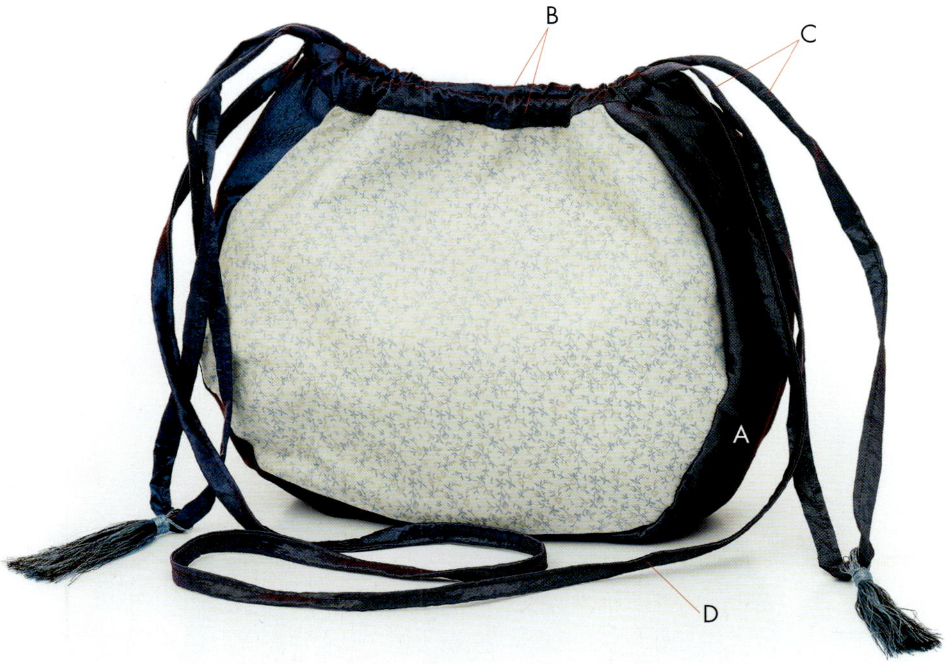

Material

90 x 55 cm Polyester-Satin mit Blumenmotiven (hellblau)
130 x 45 cm Polyester-Satin uni (dunkelblau)
2 Strähnchen Baumwollgarn DMC Mouliné metallic (1 x Nr. 5287 und 1 x 5270)
passendes Nähgarn
Sicherheitsnadel

Zuschnitt

Polyester-Satin mit Blumenmotiven

- vier Kreise mit 29 cm Durchmesser für die Tasche und das Futter *(siehe Schema unten)*

Polyester-Satin uni

- zwei Streifen **A**, 11 x 75 cm, für den Taschenumlauf und das Futter
- zwei Streifen **B**, 25 x 5 cm, für den Tunnelsaum oben an der Tasche
- zwei Streifen **C**, 3 x 102 cm, für die Tunnelsäume
- ein Streifen **D**, 3 x 103 cm, für den Schulterriemen

1 Für den Taschenkörper werden zwei zugeschnittene Kreise und ein Streifen **A**, rechts auf rechts, in 1 cm Abstand vom Rand zusammengenäht.

2 Auf gleiche Weise mit den beiden anderen Kreisen und dem anderen Streifen **A** verfahren, um das Futter zu bilden, in dem eine 15 cm große Öffnung gelassen wird.

3 Den Streifen **D** der Länge nach in der Mitte falten und mit 5 mm Nahtzugabe links auf links absteppen.

4 Jedes Ende des so entstandenen Schulterriemens auf 3 cm beidseitig im Tascheninneren annähen. Die Tasche rechts auf rechts ins Futter schieben, dabei den Schulterriemen zwischen beiden Stofflagen platzieren. Die obere Taschenpartie vernähen. Die Tasche durch die hierfür vorgesehene Öffnung herausholen, dann zunähen. Das Futter wieder in die Tasche einlegen.

5 Für den Tunnelsaum werden die Enden der Streifen **B** auf 1 cm gesäumt.

6 Die Streifen **B** quer über die Oberkanten der beiden Taschenseiten legen, 1,5 cm von jeder Seite entfernt, sodass genügend Zwischenraum für die Tunnelsäume bleibt.

7 Mit 1 cm Nahtzugabe von Hand mit Blindstichen nähen (oder mit der Maschine übersteppen), um die Tunnelsäume zu bilden.

8 Die Streifen **C** der Länge nach in der Mitte falten und mit 5 mm Nahtzugabe links auf links absteppen. Die Befestigungsschlaufen mithilfe der Sicherheitsnadel durch die hierfür vorgesehenen Tunnelsäume ziehen.

9 Die Enden jeder Befestigungsschlaufe zusammennähen, um sie zu schließen, und dann zum Kaschieren der Nahtstelle in den Tunnelsaum schieben.

10 Die Stickgarnbündel auf 10 cm Länge zuschneiden. Beide Farben mischen und die Bündel in zwei gleiche Gruppen teilen. Jede Gruppe in der Mitte der Schlaufe jeder Lasche verknoten, sodass zwei Quasten entstehen.

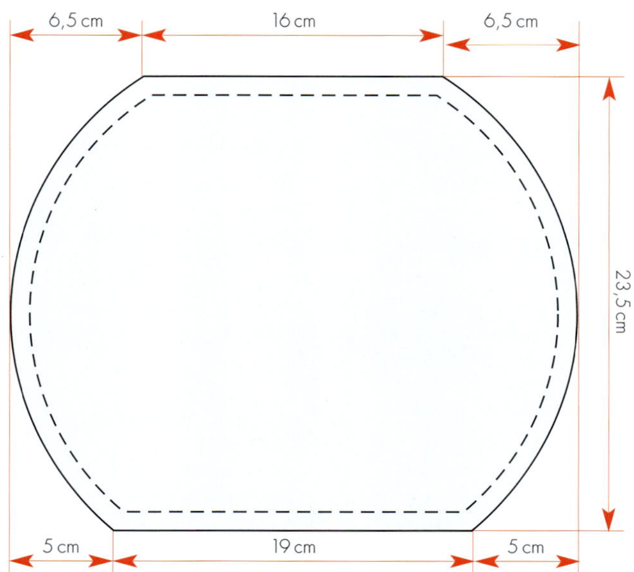

Taschenvorder- und -rückseite

Picknick

Größe: 38 x 48 cm

Ansicht der offenen Tasche

Innentasche

Material

125 x 100 cm imprägnierter Leinenstoff
125 x 95 cm karierter Baumwollstoff (rot-weiß)
1,50 m Vichy-Band, 1,5 cm breit, (rot-weiß)
Nähgarn (beige, weiß)

Zuschnitt

Imprägnierter Leinenstoff

- ein Rechteck **A**, 41 x 122 cm, für Vorder-, Rückseite und Taschenboden
- zwei Stücke **B**, 22/32 x 44 cm, für die Seitenteile
- ein Rechteck **C**, 40 x 20 cm, für den Überschlag
- ein Rechteck **D**, 47 x 30 cm, für das Außentäschchen
- zwei Streifen **E**, 6 x 50 cm, für die Griffe
- ein Streifen **F**, 4 x 40 cm, für die Oberkante der Tasche

Karierter Baumwollstoff

- ein Rechteck **A'**, 41 x 122 cm, für das Futter der Vorder- und Rückseite und des Taschenbodens
- zwei Stücke **B'**, 22/32 x 44 cm, für das Futter der Seitenteile
- ein Rechteck **C'**, 40 x 20 cm, für das Futter der Überschlags
- zwei Streifen **E'**, 6 x 50 cm, für das Futter der Griffe
- ein Rechteck **G**, 21 x 39 cm, für die Innentasche
- zwei Streifen **H**, 4 x 26 cm, für die Paspeln der oberen Taschenpartie

1 29 cm Vichy-Band abschneiden und quer über eine Schmalseite von Rechteck **D** nähen.

2 Den Boden des Täschchens (gegenüberliegende Seite der mit Vichy-Band versehenen Seite) 4,5 cm umlegen und auf den Seiten vernähen, um dem Täschchen Volumen zu geben. Dieses dann auf dem Rechteck **A** positionieren, die „Vichy"-Seite in 1 cm Abstand zu einer Schmalseite (Oberkante) und 4cm vom linken Rand.
Das Täschchen mit 1 cm Nahtzugabe auf jeder Seite rechts auf links an den drei freien Seiten flach absteppen.

3 Vier 32 cm lange Stücke Vichy-Band abschneiden. Zwei Stücke auf jeder Seite der Oberkante des Rechtecks **A** und zwei weitere Stückle in 2 cm Abstand zur Unterkante auf jeder Seite annähen.

4 Die Unterseite von Rechteck **G**, rechts auf rechts, in 29 cm Abstand von einer Schmalseite auf das Rechteck **A'** nähen. Das Rechteck **G** rechts auf links nach oben umschlagen und die Seiten mit 1 cm Nahtzugabe absteppen.

5 Rechteck **A** links auf links in der Mitte umlegen. Die Seite mit dem Täschchen entspricht der Vorderseite. Die Teile **B**, rechts auf rechts, beidseitig in 1 cm Abstand vom Rand annähen, die Vichy-Bänder frei herabhängen lassen. Damit haben Sie den Taschenkörper angefertigt.

6 Die Streifen **E** und **E'** rechts auf rechts 1 cm vom Rand zusammennähen. Die beiden so entstandenen Griffe auf rechts wenden. Jedes Griffende rechts auf rechts nähen, 8 cm vom jeweiligen Rand auf die Taschenvorder- und -rückseite.

7 Streifen **F** auf dem Griff positionieren und rechts auf rechts auf die Oberkante der Taschenrückseite nähen. Rechteck **C** rechts auf rechts auf dem zuvor angebrachten Streifen **F** positionieren und an jedem Ende auf 8 cm nähen, sodass eine 24 cm lange Öffnung bleibt, durch die der Griff der Vorderseite geschoben wird. Sie haben den Überschlag geformt.

8 Die beiden Streifen **H** mit 1 cm Nahtzugabe quer über die Ränder der Öffnung nähen.

9 Das Rechteck **C'** links auf links, mit 1 cm Nahtzugabe auf die Rückseite des Überschlags steppen. Darauf achten, dass die Öffnung frei bleibt.

10 Für das Futter werden das Rechteck **A'** und die Teile **B'** auf gleiche Weise aneinandergenäht wie beim Taschenkörper. Die Tasche rechts auf rechts in das Futter schieben und in Höhe der oberen seitlichen Partien und der Taschenvorderseite annähen. Das Futter ins Innere einlegen und die Rückseite mit 1 cm Nahtzugabe so absteppen, dass der Leinenstoff auf der inneren Partie des Überschlags nicht mehr sichtbar ist.

11 Die Einkaufstasche zunähen, den Griff auf der Vorderseite durch die Öffnung schieben. So schützt der Überschlag bei schlechtem Wetter den Tascheninhalt!

Rustikal

Größe: 60 x 34 cm

Material

80 x 95 cm Leinenstoff
80 x 70 cm karierter Baumwollstoff (rot-weiß)
Messingring Ø 1,5 cm (bronze)
ein Knopf „Kokosnuss" Ø 7 cm (braun)
Nähgarn aus Naturleinen

Zuschnitt

Leinenstoff

- ein Rechteck **A**, 62 x 79 cm, für die Vorder- und Rückseite der Einkaufstasche
- zwei Streifen **B**, 8 x 78 cm, für die Trageriemen

Karierter Baumwollstoff

- ein Rechteck **A'**, 62 x 79 cm, für das Futter der Vorder- und Rückseite
- ein Streifen **C**, 3 x 36 cm, für die Knopfschlaufe
- ein Streifen **D**, 5 x 20 cm, für die Ringlasche

1 Rechteck **A** der Breite nach in der Mitte umlegen, dann auf jeder Seite in 1 cm Abstand vom Rand nähen.

2 Für den Taschenboden werden die unteren Ecken jeder Seite auf eine 13 cm lange Basis zugeschnitten und dann auf links vernäht.

3 Für das Futter wird das Rechteck **A'** auf gleiche Weise bearbeitet, dabei an einer Seite 3 eine 26 cm lange Öffnung lassen.

4 Die Seiten jedes Bandes **B** 1 cm breit säumen, um die Trageriemen zu formen. Die Enden in 16 cm Abstand vom Rand der Taschenvorder- und -rückseite auf 1 cm annähen.

5 Den Streifen **C** der Länge nach, links auf links, in der Mitte umlegen und mit 1 cm Nahtzugabe auf jeder Seite absteppen. Auf gleiche Weise mit Streifen **D** verfahren.

6 Den Streifen **C** der Breite nach in der Mitte falten und mittig an die Oberkante der Taschenrückseite nähen.

7 Danach den Streifen **D** auf gleiche Weise auf der Vorderseite der Einkaufstasche anbringen, 22 cm vom linken Rand entfernt, dabei den Ring durch die so geformte Schlaufe schieben.

8 Den „Kokosnuss"-Knopf in 8 cm Abstand vom oberen Rand in der Mitte der Taschenvorderseite annähen.

9 Die Einkaufstasche rechts auf rechts in das Futter schieben und die obere Partie auf 1 cm vernähen.

10 Die Trageriemen und die Laschen zwischen beide Stofflagen legen.

11 Die Einkaufstasche durch die 24 cm große Öffnung herausholen und dann zunähen. Das Futter wieder in die Tasche einlegen.

Mittelalterlich

Größe: 38 x 42 cm

Material

25 x 70 cm Stoff mit senkrechten Streifen (blau-weiß)
25 x 70 cm blauer Stoff mit weißen Tupfen
25 x 195 cm Stoff mit waagrechten Streifen (blau-weiß)
40 x 140 cm Stoff (blau) weiß gepunktet mit Rosenmotiven
35 x 45 cm Leinenstoff (blau)
3 Druckknöpfe
136 cm Baumwollgurt, 2,5 cm breit (ecru)
Perlmuttknopf in Blumenform, Ø 2 cm (hellblau)
farblich passendes Nähgarn
Papierschere

Ansicht der offenen Tasche

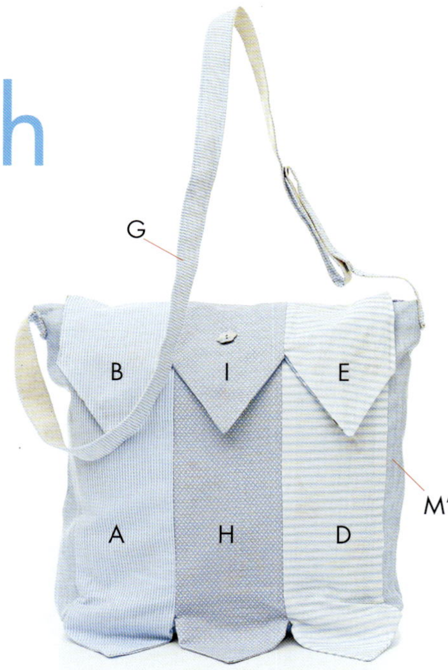

Zuschnitt

Senkrecht gestreifter Stoff*

- ein Streifen **A**, 12 x 43 cm, für die Vorderseite der Tasche
- ein Streifen **B**, 12 x 60 cm, für die Rückseite
- zwei Quadrate **C** mit 12 cm Seitenlänge für das Futter der Spitzen

Waagrecht gestreifter Stoff*

- ein Streifen **D**, 12 x 43 cm, für die Vorderseite der Tasche
- ein Streifen **E**, 12 x 60 cm, für die Rückseite
- zwei Quadrate **F** mit 12 cm Seitenlänge für das Futter der Spitzen
- ein Streifen **G**, 4,5 x 136 cm, für den Schulterriemen

Gepunkteter Stoff*

- ein Streifen **H**, 12 x 43 cm, für die Vorderseite der Tasche
- ein Streifen **I**, 12 x 60 cm, für die Rückseite
- zwei Quadrate **J** mit 12 cm Seitenlänge für das Futter der Spitzen

Gepunkteter Stoff mit Rosenmotiven*

- drei Streifen **K**, 12 x 52 cm, für das Futter der Rückseite
- ein Rechteck **L**, 31 x 34 cm, für das Futter der Vorderseite
- zwei Rechtecke **M**, 11 x 35 cm, für das Futter der Seitenteile
- ein Rechteck **N**, 35 x 11 cm, für das Futter des Taschenbodens

Leinenstoff

- zwei Rechtecke **M'**, 11 x 35 cm, für die Seiten
- ein Rechteck **N'**, 35 x 11 cm, für den Taschenboden

** Jedes Teil nach dem entsprechenden Schema zuschneiden*

1 Nähen Sie die Spitzen **C** auf die jeweilige Spitze der Streifen **A** und **B**, rechts auf rechts, in 1 cm Abstand von jeder Seite, indem Sie an der Basis jeder Spitze 1 cm für die Montage des Taschenbodens lassen. Mit den Spitzen **F** auf **D** und **E** und den Spitzen **J** auf **H** und **I** wiederholen.

2 Um die Vorderseite der Tasche zu formen, nähen Sie **A**, **D** und **H** in 1 cm Abstand von jeder Seite und bis auf 32 cm Höhe zusammen. Auf gleiche Weise verfahren Sie mit **B**, **E** und **I** bis auf 43 cm Höhe, indem Sie die Spitzen an jedem Ende frei lassen. Sie erhalten die Rückseite der Tasche.

3 Für die Seiten werden die Rechtecke **M'** auf die Vorder- und Rückseite genäht, 1 cm vom Rand entfernt, bis zur Basis der Spitzen. Nähen Sie **N'** auf jede Seite, 1 cm vom Rand entfernt, um den Taschenboden zu formen.

4 Nähen Sie **G** mit 1 cm Nahtzugabe links auf links auf das Gurtband. Absteppen. Nähen Sie jedes Ende dieses Schulterriemens auf 3 cm an die Seiten.

5 Nähen Sie die Streifen **K** rechts auf rechts in 1 cm Abstand vom Rand zusammen, die Spitzen bleiben frei. Sie erhalten das Futter für die Rückseite.

6 Für das Futter der Seiten nähen Sie darauf die Rechtecke **M** rechts auf rechts, in 1 cm Abstand vom Rand und 18 cm von einer zugespitzten Seite. Für das Futter der Vorderseite nähen Sie **L**, rechts auf rechts, in 1 cm Abstand vom Rand mit den Seiten zusammen, dann auf gleiche Weise **N**, um das Futter für den Boden zu erhalten.

7 Schieben Sie den Taschenkörper rechts auf rechts in das Futter, den Schulterriemen zwischen beiden Stofflagen durchführen. Nähen Sie die Spitzen der Rückseite mit denen des Futters zusammen.

8 Nähen Sie die oberen Partien der Vorderseite und der Seiten zusammen. Lassen Sie auf jeder Seite des Überschlags eine Öffnung. Holen Sie die Tasche aus einer Öffnung heraus und stülpen die Spitzen vorsichtig mit der Papierschere heraus.

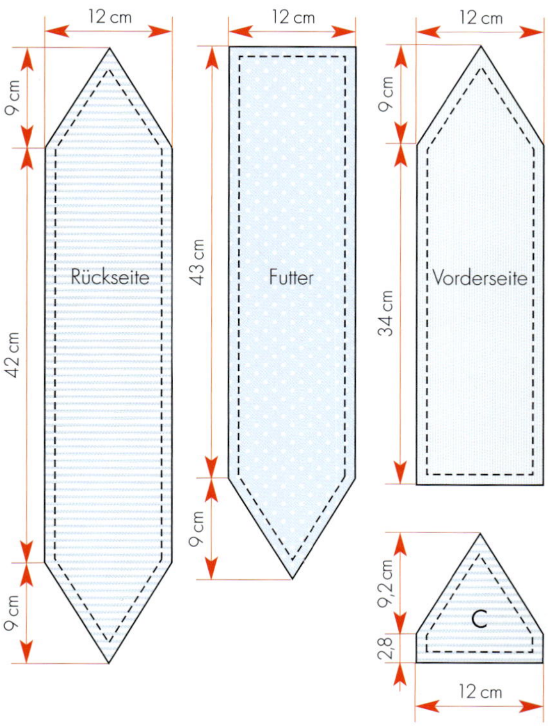

9 Jede Seite des Überschlags mit 1 cm Nahtzugabe absteppen. Nähen Sie eine Hälfte eines Druckknopfs in 3,5 cm Abstand vom oberen Rand in die Mitte der Taschen-vorderseite. Fixieren Sie die andere Hälfte des Druckknopfs auf der Rückseite des Überschlags, in 10,5 cm Abstand oben von der mittleren Spitze und 15,5 cm von jedem Rand.

10 Nähen Sie die beiden anderen Druckknöpfe unten beginnend, in jeweils 10 cm Abstand, auf den Schulterriemen, eine erhabene Seite auf rechts, eine erhabene Seite auf links, eine vertiefte Seite auf rechts, eine vertiefte Seite auf links. Mit diesem System lässt sich der Schulterriemen verstellen. Nähen Sie den Perlmuttknopf auf die rechte Seite des Überschlags, um die Nahtstelle des Druckknopfs zu kaschieren.

Sonnenblumen

Größe: 48 x 30 cm

Material

50 x 125 cm Jutestoff
100 x 125 cm fester Baumwollstoff (gelb)
Tarlatan: 26,5 x 25,5 cm (braun), 40 x 36 cm (gelb)
Gurtband von 120 cm Länge (ecru)
Rocailles Ø 2 mm (braun)
Nähgarn (transparent, braun, gelb)
26,5 x 25,5 cm Molton, 5 mm dick

Zuschnitt

Jutestoff

- zwei Rechtecke **A**, 50 x 32 cm, für die Taschenvorder- und -rückseite
- zwei Rechtecke **B**, 50 x 20 cm, für die Außenfächer
- ein Rechteck **C**, 18 x 25 cm, für das seitliche Taschenfach

Baumwollstoff

- ein Rechteck **C'**, 18 x 25 cm, für das Futter des seitlichen Außenfachs
- zwei Rechtecke **B'**, 50 x 20 cm, für das Futter der Außenfächer
- vier Rechtecke **D**, 17 x 32 cm, für die Seiten und das Futter der Seiten
- zwei Rechtecke **E**, 17 x 50 cm, für den Taschenboden und das Futter
- zwei Rechtecke **A'**, 50 x 32 cm, für das Futter der Vorder- und Rückseite

Gelber Tarlatan

- 60 Blütenblätter

(Schnittmuster siehe Schablone unten)

Brauner Tarlatan

- vier Kreise mit 12,5 cm Durchmesser für die Sonnenblumentäschchen

Molton

- zwei Kreise mit 11,5 cm Durchmesser für das Ausfüttern der Sonnenblumen

Schcblone Maßstab 1:2
Auf 200% vergrößern

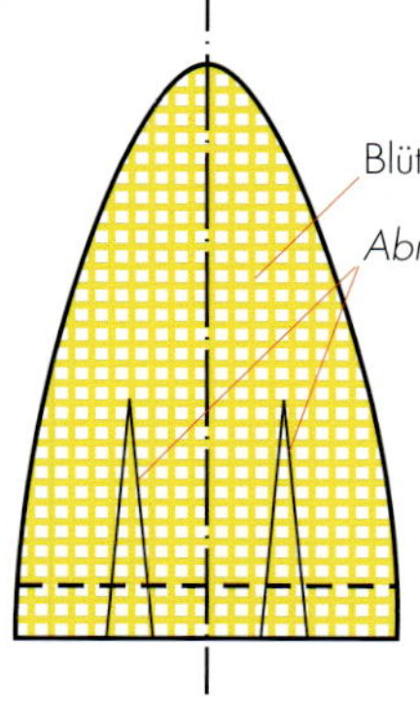

1 Mit dem transparenten Garn die Rocailles auf zwei braune Tarlatankreise nähen und so Sonnenmotive formen.

2 Jeden Moltonkreis zwischen einem braunen Tarlatankreis und einem unbearbeiteten Kreis platzieren. In 5 mm Abstand vom Rand mit dem transparenten Garn nähen.

3 Die gelben Tarlatanblätter gleichmäßig versetzt um jedes braune Tarlatanteil anordnen. So entstehen die beiden Sonnenblumen.

4 Diese werden nun auf ein Rechteck **B** genäht, dabei auf der Oberseite der Blume eine circa 10 cm große Öffnung lassen. Die Rechtecke **B'** rechts auf rechts auf die Rechtecke **B** nähen.

5 Diese Teile mit jedem Rechteck **A** in 13 cm Abstand vom oberen Rand zusammennähen. Die Unterseite und die Seiten jedes Teils nähen, um die Täschchen zu erhalten.

6 In der Mitte des nicht verzierten Außentäschchens in der Breite eine Naht nähen, sodass zwei Fächer entstehen. Das Rechteck **C'** rechts auf rechts auf eine Schmalseite von Rechteck **C** nähen.

7 Das Futter wenden und die Seiten 5 mm vom Rand abnähen. Dieses Teil 7 cm vom oberen Rand auf ein Rechteck **D** nähen. So entsteht eine Seite. Dieses Teil wird mit der Vorder- und Rückseite der Tasche sowie einem zweiten Rechteck **D** für die andere Seite und einem Rechteck **E** für den Boden rechts auf rechts, 1 cm vom Rand, zusammengenäht. So entsteht der Taschenkörper. Die Tasche wenden.

Ansicht Rückseite

8 Das Gurtband in der Mitte durchschneiden und jedes Ende 12 cm von jeder Seite auf der Vorder- und Rückseite der Tasche positionieren und dann 1 cm vom Rand annähen. So erhält man die Henkel.

9 Die beiden letzten Rechtecke **D**, das zweite Rechteck **E** und die beiden Rechtecke **A'** rechts auf rechts, in 1 cm Abstand vom Rand, zusammennähen, dabei eine 22 cm große Öffnung lassen. So entsteht das Futter.

10 Die Tasche rechts auf rechts in das Futter schieben, dann die obere Partie auf 1 cm vernähen. Die Henkel zwischen Tasche und Futter einarbeiten. Die Tasche durch die vorgesehene Öffnung herausholen und diese dann zunähen. Das Futter in die Tasche einlegen und vernähen.

Week-end

Größe: 48 x 51 cm

Material

100 x 240 cm Möbelstoff mit Blattmotiven (türkis, grün)
ein Kreis aus Leinenstoff Ø 10,5 cm
55 x 185 cm Baumwollstoff (beige)
Reißverschluss für Blouson Länge 40 cm (beige)
2 Druckknöpfe
Magnetknopf Ø 2 cm (silbern)
Holzknopf Ø 2,5 cm
Passendes Nähgarn
Füllwatte
Stück Karton, 49 x 23 cm, 2 mm dick
1,5 m Gummiband, Breite 1 cm
Zackenschere

Zuschnitt

Möbelstoff

- vier Rechtecke **A**, 52 x 41 cm, für Vorder- und Rückseite, Innen- und Außenfach
- zwei Rechtecke **B**, 27 x 41 cm, für die Seiten
- zwei Rechtecke **C**, 44 x 16 cm, für die obere Taschenpartie
- ein Rechteck **D**, 52 x 27 cm, für den Taschenboden
- zwei Streifen **E**, 8 x 100 cm, für die Henkel
- drei Kreise Ø 5 cm für die Blume *(mit der Zackenschere ausschneiden)*

Leinenstoff

- Den Kreis aus Leinenstoff mit der Zackenschere zuschneiden.

Baumwollstoff in Beige für das Futter

- zwei Rechtecke **A'**, 52 x 41 cm, für die Vorder- und Rückseite
- zwei Rechtecke **B'**, 27 x 41 cm, für die Seiten
- zwei Rechtecke **C'**, 44 x 16 cm, für die obere Taschenpartie
- ein Rechteck **D'**, 52 x 27 cm, für den Boden

1 Auf einer Längsseite von zwei Rechtecken **A** einen 1,5 cm breiten Tunnelsaum nähen.

2 Zwei 40 cm lange Gummibänder abschneiden. Jedes Stück durch einen Tunnelsaum ziehen. Die Gummibandenden sicherheitshalber fest vernähen.
Auf gleiche Weise mit den beiden Rechtecken **B** verfahren, dabei 20 cm Gummiband durch den Tunnelsaum einer Schmalseite ziehen.

3 Ein Rechteck **A** mit Gummiband auf ein drittes Rechteck **A**, rechts auf rechts, 1 cm vom Rand nähen. Sie haben das Außenfach der Vorderseite angefertigt.

4 Die beiden Rechtecke **B**, rechts auf rechts, 1 cm vom Rand auf die Seiten der Taschenvorder- und -rückseite (letztes Rechteck **A**) nähen.

5 Für den Boden wird das Rechteck **D** rechts auf rechts, 1 cm vom Rand an die Seiten der Taschenvorder- und Rückseite, genäht. So entsteht der Taschenkörper.

6 Jeden Streifen **E** der Länge nach in der Mitte falten und rechts auf rechts, in 1 cm Abstand vom Rand annähen. Dann auf rechts wenden und bis auf die Enden, die frei bleiben, auf 73 cm mit Füllwatte ausstopfen.

7 Eine Hälfte des Reißverschlusses rechts auf rechts mit 1 cm Nahtzugabe auf die Längsseite eines Rechtecks **C** nähen. Die andere Hälfte auf gleiche Weise auf das zweite Rechteck **C** nähen.

8 Jedes Henkelende auf ein Rechteck **C** nähen, in 1 cm Abstand vom gegenüberliegenden Rand des Reißverschlusses und 9 cm von jeder Seite.

9 Das Ende ein zweites Mal vernähen, 11 cm von der vorherigen Naht.

10 Somit ist jedes Henkelende an zwei Stellen vernäht. Auf gleiche Weise mit dem anderen Henkel auf dem anderen Rechteck **C** verfahren.

11 Jedes Rechteck **C** auf der oberen Partie der Taschenvorder- und Rückseite positionieren, dabei einige Abnäher legen.

12 Eine Hälfte des Magnetknopfs in 3 cm Abstand vom oberen Rand und 24 cm von jeder Seite auf das Außentäschchen nähen. Die andere Hälfte auf gleiche Weise auf der Vorderseite der Tasche anbringen.

13 Das zweite Rechteck **A** mit Gummiband, rechts auf links, auf ein Rechteck **A'** (Futter der Rückseite) legen und 1 cm vom Rand zusammennähen, um das Innenfach zu erhalten. In der Mitte eine Naht ausführen, sodass zwei 25 cm lange Taschen entstehen.

14 Für das Futter werden die Rechtecke **A'**, **B'**, **C'** und **D'** auf gleiche Weise zusammengenäht wie bei der Tasche. Auf einer Seite einen 30 cm langen Schlitz lassen. Das Futter links auf links in die Tasche schieben, dann an der oberen Partie mit 1 cm Nahtzugabe rundum an die Tasche nähen.

15 Den Karton durch den vorgesehenen Schlitz zwischen Futter und Tasche schieben, dann schließen.

16 Die Druckknöpfe an jeder Seite der oberen Taschenpartie in 1,5 cm Abstand vom unteren Rand fixieren.

17 Die drei Kreise aus Möbelstoff auf dem Leinenstoffkreis positionieren, die Kreise sollen sich leicht überschneiden. Für das Blumenherz den Holzknopf in der Mitte annähen. Das Herz zusammen mit dem Knopf auf das Außentäschchen, 2 cm unter dem Magnetknopf, nähen.

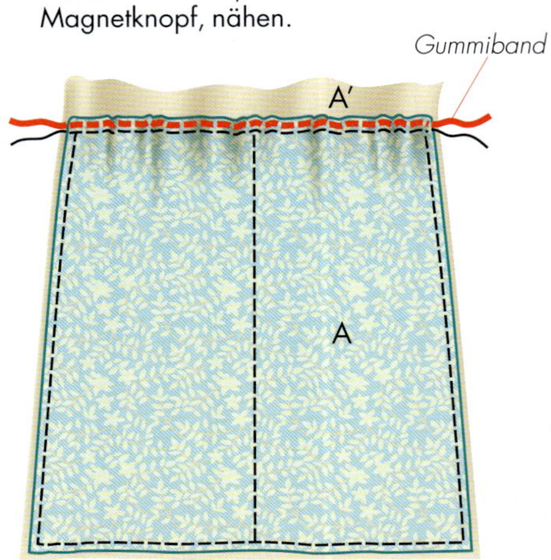

Schema für das Vernähen der Innentasche

M
12
Mairie d'Issy

DC INTERNATIONAL

Fotos : Rémi DAZIN *PepperMilk*

Übersetzung : Karin BODEN – *Lektorat* : Gudrun HONKE

ISBN 978-3-7724-7230-5 – BEST.-NR. 7230

Auflage:	6.	5.	4.	3.	2.	
Jahr:	2016	2015	2014	2013	2012	[Letzte Zahlen maßgebend]